e·Positive
Self Control

積極·正向自制力

培養正能量的8堂微練習

劉惠丞 肖建文 著

「習慣」也能用來當武器？！但要注意……
既然是武器，它既可以向前披荊斬棘，也有可能一個不小心回過頭來刺傷自己！

目錄

第二個行為習慣　培養優秀氣質的習慣

第八個行為習慣　擁有科學理財的習慣

前言

研究表明，一個人事業的成功與否百分之二十與智力因素有關，百分之八十與信心、意志、習慣、性格等非智力因素有關。其中，習慣占有相當重要的位置。從一個人的發展來說，習慣伴隨著人的一生，影響著人的生活方式和工作方式。好的習慣是種正能量，也是能量的儲蓄。培養好習慣，就是在為自己的未來貯存正能量。

如果人生是一條蜿蜒曲折的路，那麼習慣就是鋪就這條路的石子；如果人生是一片汪洋大海，那麼習慣就是聚集成海的水滴。人生的品質取決於習慣的好壞，如果是好習慣，那麼即使路有曲折，最終也會通向頂峰，通向光明與美好！如果是好習慣，那麼即使海有風浪，最終也會通向成功與幸福的彼岸。

習慣是經過長時間逐漸養成的、不易改變的行為或傾向，據研究表明，一個人每天百分之九十的行為都是無意識的，都是受到習慣的支配。習慣每時每刻都在影響著生活，它使行為自動化，不需要特別的努力，不需要別人的監控，在什麼情況下就按什麼規則去行動。習慣一旦養成，就會成為支配人生的一種力量。

人生就是命運。有的人一生順利，有的人命運多舛；有的人事業輝煌，有的人碌碌無為；有的人屢敗屢戰，最終成功；有的人竭力奮爭，結果一事無成。人生的後面似乎有一隻神奇的手在指揮著每一個人，其實這隻無形的手不是別的，正是人的習慣。

習慣就像是飛馳的列車，慣性使人無法止步。習慣是一點一滴、循環往復、無數重複的行為動作養成的，不管是好的習慣還是壞的習慣皆是如此，只是結果不同。好的習慣是一種美德，壞的習慣是一種惰性。習慣就是這樣一種力量，它長年累月影響著人們的品德，決定著人們的思維和行為方式，左右著人們一生的成敗。

所以，要想成為一個事業有成的人，就要先養成良好的習慣。一個壞習慣多於好習慣的人，習慣所散發的能量是負能量，那麼他的人生就向下沉淪；一個努力讓自己的好習慣多於壞習慣的人，他每一天的生活都是積極的、充滿活力的，那他的人生必定會是美好的。雖然習慣嚴重影響著我們的思路和行動，但是習慣並不是天生的，當我們認識到自己的壞習慣時，我們應該學會用自己的好習慣來替代壞習慣。只有在好習慣的支配下產生的思維和行動，才能引導我們走向美好的人生。

本書從擁有良好心境的習慣、培養優秀氣質的習慣、提升捕捉機會的習慣、保持刻苦勤奮的習慣、養成充滿自信的習慣、具備勇於創新的習慣、提高口才能力的習慣、擁有科學理財的習慣等高效能人士必備的八種習慣展開，透過經典事例與精彩點評，向讀者展現了習慣與人生的密切關係。透過本書，相信你將可以發現自己習慣上的不足並加以對照改進，使自己的習慣得到完善，為自己以後步入成功的行列打好堅實的基礎。

從古今中外那些高效能人士身上可以看出，任何一個高效能人士都具備了優秀的習慣。可見，成功不是偶然的，只有好習慣才能有好人生。

第一個行為習慣　擁有快樂心境的習慣

快樂是一種習慣，是一種發自內心的情感，是一種美妙的內心感受。快樂的人生才是成功的人生。擁有良好的心境會感到活著是美好的，但只有理解了快樂的真諦，才能真正快樂起來。任何事物都有積極的一面和消極的一面。如果你是積極的，正面的思考會幫助你克服困難，看到樂觀的一面；如果你是消極的，你所看到的就是悲觀失望的一面。所以我們要養成讓自己快樂的習慣，才能為自己營造快樂的心境。

給自己一個希望，讓生活變得更加美麗

希望，看似很平淡的兩個字，卻包含著各種不同的內涵。試著每天給自己一個希望，靠自身的努力和嘗試去創造，不斷進取、不斷探索、不斷發展，事業就會成功，就會有所進步，生活也會因此而變得更加美麗。

有位醫生素以醫術高明享譽醫務界，他的事業蒸蒸日上。但不幸的是，就在某一天，他被診斷患上了癌症。這對他就如當頭一棒，使他一度情緒低落。但是，最終他不但接受了這個事實，而且他的心態也為之改變了，變得更加寬容、更加謙和、更懂得珍惜現在所擁有的一切。在勤奮工作之餘，他從沒有放棄過與病魔搏鬥。就這樣，他已平安度過了好幾年。有人驚訝於他的事情，就問他是什麼神奇的力量在支撐著他。

這位醫生笑盈盈答道：「是希望，幾乎每天早晨，我都給自己一個希望，希望我能多救治一個病人，希望我的笑容能夠溫暖每個人。」我們可以看出，這位醫生不但醫術高明，做人的境界也達到了一定的高度。是的，在這個世界上，有許多事情是我們難以預料的。但是，我們不能控制際遇，卻可以掌握自己；我們無法預知未來，卻可以把握現在；我們不知道自己的生命到底有多長，但我們卻可以安排當下的生活；我們左右不了變化無常的天氣，卻可以調整自己的心情。只要活著，就有希望，只要每天給自己一個希望，我們的人生就一定不會失色。

是的，希望是催促人們向前的最大動力，也是生命存在的最主要理由。只要活著，我們就有希望；相對的，只要抱有希望，生命便不會枯竭。對於我們來說，希望不一定是多麼偉大的目標，它可以縮小到平淡生活中的一些小期待、小盼望、小快樂、小滿足，譬如明天要出去玩，希望天氣晴朗會看到太陽；明天要去參加一個活動；聽一場音樂會；下星期約了老朋友喝茶一起吃飯……雖然在別人眼裡，這些或許是微不足道的瑣碎小事，但是，對我們自己而言，卻能帶來一些樂趣，一些祈盼，這些都是喜悅的希望。希望可能是明天公布考試成績得高分，或是榮登金榜；希望可能是明天見到自己心愛的人，或是獲得自己渴望的答案，也可能是洞房花燭夜的日子；希望可能是工作獲得上級的肯定，能表現自己的才華和成就。

每天給自己一個希望，就是給自己一個目標，給自己一點信心。希望是什麼？是引爆生命潛能的導火線，是激發生命激情的催化劑。每天給自己一個希望，我們將活得生機勃勃，哪裡還有時間去嘆息、去悲哀，將生命浪費在一些無聊的小事上？生命是有限的，但希望是無限的，只要我們不忘每天給自己一個希望，我們就一定能夠擁有一個豐富多彩的人生。

灌溉自己夢想的種子，使之茁壯成長為大樹

某個小學的作文課上，老師給小學生的作文題目是《我的夢想》。

一位小朋友非常喜歡這個題目，他在自己的作文簿上，飛快寫下了自己的夢想。他希望將來自己能擁有一座占地十八公頃的莊園，在廣闊的土地上種滿如茵的綠草。莊園中有無數的小木屋、烤肉區及一座休閒旅館。除了自己住在那外，還可以和前來參觀的遊客分享自己的莊園，有住處供他們憩息。

寫好的作文經老師過目，這位小朋友的簿子上被劃了一個大大的紅「×」發回到他的手上，老師要求他重寫。小朋友仔細看了看自己所寫的內容，並無錯誤，便拿著作文簿去請教老師。老師告訴他：「我要你們寫下自己的夢想，而不是這些如夢幻般的空想；我要實際的志願，而不是虛無的幻想，你知道嗎？」

小朋友據理力爭：「可是，老師，這真的是我的夢想啊！」

老師也堅持：「不，那不可能實現，那只是一堆空想，我要你重寫。」

小朋友不肯妥協：「我很清楚，這就是我想要的，我不願意改掉我夢想的內容。」

老師搖頭：「如果你不重寫，我就不能讓你及格了，你要想清楚。」

小朋友也跟著搖頭，不願重寫，而那篇作文也就得到了不及格的成績。

三十年後，這位老師帶著一群小學生來到一處風景優美的度假勝地旅行，在盡情享受無邊的綠草、舒適的住宿及香味四溢的烤肉之餘，他望見一名中年人向他走來，並自稱曾是他的學生。

這位中年人告訴他的老師，他正是當年那個作文不及格的小學生，如今，他擁有這片廣闊的度假莊園，真的實現了兒時的夢想。

望著眼前這位莊園的主人，這位老師想到自己三十年來不敢有夢想的教師生涯，不禁感嘆：「三十年來，為了我自己，不知道用成績改掉了多少學生的夢想，而你是唯一保留自己的夢想而沒有被我改掉的。」

我們每個人在兒時都曾擁有過偉大的夢想，只是在成長歲月中不知道何時被改掉了、丟失了，或因為我們給予的滋養不足，夢想的種子仍深埋在土裡，難以發芽。就在今天，找回自己真正的夢想，不論過去這段時間裡，曾將它藏在何處，或被改掉，或被「偷走」，把夢想找回來，並且相信自己必能夢想成真。

在你找回夢想的過程中，或許會遇到一些專業的偷夢人，他們可能是你的朋友、同事、鄰居，甚至是你的父母或配偶；他們會在你興致勃勃述說夢想時，神色鄭重告訴你，那是不可能的，要你腳踏實地好好做事，不要說的比做的多，先做到再來說也不遲。

只要自己本來就是腳踏實地的人，只要自己緊緊握住夢想，就不用怕這些人的冷嘲熱諷，讓夢想牢牢駐紮在自己心靈的莊園，不怕別人偷竊。

而所有偷夢人潑向你的冷水，足以灌溉自己夢想的種子，使之茁壯成長為大樹。你可以感謝他們潑的冷水，真心感恩，因為待你夢想成真之後將與他們分享。

不必埋怨，生活對每個人都是公平的

生活中，有的人一生下來就有良好的家庭環境，從小就受著不同於他人的待遇；有的人，在睜開眼睛的瞬間就註定一輩子勞碌奔波……不論如何我們都不必抱怨，因為生活對每個人都是公平的。

在繁華的都市，人來人往，車水馬龍，好不熱鬧。它多了高聳的建築，但卻沒有了原來的成蔭綠樹、清澈小溪。學生們低頭認真做作業、複習的情景到處可見，卻沒有孩子們與魚、蝦嬉戲的身影。各式新車穿梭在馬路上，清爽的空氣卻被廢氣掩蓋了。

有時候，可能會埋怨自己躲在窮鄉僻壤不會有什麼成就，永遠不會出人頭地。事實上，上帝是公平的，並不是他吝嗇，是因為他明白：天將降大任於斯人也，必苦其心智，餓其體膚。他要鍛煉你，要你用自己的實力坐上高位，因為只有真正經過風雨，花兒才能結成甘甜、碩大的果實。

無論你生在都市，還是山村，都不必埋怨任何東西，因為生活對每個人都是公平的。

有這樣一個故事：

歐洲一位著名的女高音歌唱家，年僅三十歲就已經譽滿全球，而且她擁有一位如意郎君和一個美滿幸福的家庭。一次她舉行完一個成功的音樂會後，歌唱家和丈夫、兒子被一群狂熱的觀眾團團圍住。人們七嘴八舌與歌唱家攀談起來，讚美與羨慕之詞洋溢了整個會場。

有的恭維歌唱家少年得志，大學剛畢業就走進了國家級劇院，成了一名主要演員；有的人恭維歌唱家二十五歲就被評為世界十大女高音之一，年輕有為；也有的恭維歌唱家有一個優秀的丈夫，膝下又有個活潑可愛臉上永遠洋溢著笑容的小男孩。

在人們議論的時候，歌唱家只是靜靜聽，什麼也沒有說。當大家把話說完後，她才緩緩說：「首先我要謝謝大家對我和我家人的讚美，我希望在這些方面能夠和你們擁有共同的快樂。但是，你們只看到了一個方面，還有另一方面你們沒有看到，那就是你們誇獎的臉上總帶著微笑活潑可愛的小男孩卻是一個不會說話的啞巴，而且他還有一個經常要待在屋裡精神分裂的姐姐。」

人們震驚了，你看看我，我看看你，似乎很難接受這樣的事實。這時，歌唱家又心平氣和對人們說：「這一切說明什麼呢？恐怕只能說明一個道理：上帝是公平的，給誰的都不會太多，同樣也不會太少。」

生活，給富人好的食物，給窮人好的胃口；給馥鬱的桂花不起眼的形貌，給不芬芳的牡丹天仙的姿色。讓惡人得到詛咒，但用享樂來補償；讓善人獲得讚美，但用痛苦折磨；讓強大者獨處，讓弱小者群居。

雖然，完美的生活是每個人都渴望得到的，然而我們所生活的空間卻註定是一個不完美的世界。但是只要我們用自己的智慧和汗水去接受上帝的給予，用堅強的毅力坦然面對挫折，成功之門總有一天會向我們敞開。

熱愛工作，享受那份甜酸苦辣

隨著生活水準的提高，人們的消費觀念越來越強，這也加劇了人們對金錢的渴求，以至許多人把工作的價值和樂趣用金錢來衡量，而失去了最初自己對工作本身的興趣。然而，工作除了能帶來金錢收入以外，保持自己最初的興趣快樂工作也是非常必要的。如果，你能夠踏實做好每一件小事，機會就會垂青於你。如果能在工作的過程中享受那份甜酸苦辣，心情也就會愉快很多。

一位退休的老人，在鄉間買下一座宅院，打算安度晚年。但不幸的是，在這宅院的庭園裡，種著一株果實累累的大蘋果樹。

鄰近的頑童，幾乎是日以繼夜來「探視」這株蘋果樹，同時還帶來了石頭或棍棒。玻璃常被擊破，老人有時不堪喧鬧會走到庭院中驅趕樹上或園中的頑童，而頑童回報老人的，則是無數的嘲弄及辱罵。

老人在不堪其擾之餘，想出一條妙計。有天，當他如往常一樣，面對滿園的頑童時，他告訴他們，從明天起，他歡迎頑童們來玩，同時在他們要離去前，還可以到屋子裡向老人領取十塊錢的零用錢。

孩子們大喜，如往常一樣砸蘋果，戲弄老人，同時又多了一筆小小的零用錢收入，因此天天來園中玩得樂不思蜀。一個禮拜過去後，老人告訴小孩們，以後每天只有五塊錢的零用錢。頑童們雖然有些不悅，但仍能接受，還是每天都來玩耍。

再過一個星期，老人將零用錢改成每天只有一塊錢。孩子憤憤不平，群起抗議：「哪有這種事，錢愈領愈少，我們以後再也不來了。」

從此，庭院恢復了往日的幽靜，蘋果樹依然果實累累，不再飽受摧殘。聰明的老人為了對付貪心的小孩，在原本只為了興趣而快樂的事物上加入酬勞，再假以時日，使酬勞逐漸降低，終於使小孩們失去了興趣。

或許不只小孩子是這樣，在我們成人中，也常有這樣的現象，因為金錢的緣故，而使自己對原本熱愛的工作失去了興趣。

這個時候，人們開始詛咒金錢是萬惡的，因為加入金錢，而使得單純的工作不再有意義。事實上，金錢非善也非惡，貪財才是萬惡的根源。真正犯錯的，並不是金錢，而是我們對工作與金錢的態度是否正確，是我們對付出與獲得的心態能否達觀。

我們可以再一次審視自己的工作，清楚分析出自己為何要從事這項工作，而這項工作的最終目的何在，然後回想自己從事這項工作時起初的心願，緊緊把握住這份心願，就能不為起伏不定的酬勞所迷惑，而從工作中獲得最大的樂趣。

我們不能讓金錢阻礙了自己原本所熱愛的工作。要時時弄清楚自己的定位，這樣才能在工作及日常生活中獲得快樂，而這份快樂，也將為我們帶來更多的人緣和更大的財富。

不要比較，它會毀掉你的幸福

對於幸福，每個人有每個人不同的理解：有些人視闔家團圓為幸福，有些人視事業有成為幸福，還有些視幫助別人為幸福。不過還是有一部分人，不知幸福為何物，因為他只知一味與別人比較，迷失了自己，最終連自己想要什麼都不知道。

如果只是一味希望自己比別人更幸福，那就很難得到真正的幸福，因為我們對於別人幸福的想像總是超過實際情形。

許多時候，一個人感到不滿足和失落，僅僅是因為覺得別人比自己幸運，如果我們安心享受自己的生活，不和別人比較，生活中就會減少許多無謂的煩惱。

下面這則寓言就生動詮釋了這個道理：

有一天，一個國王獨自到花園裡散步，讓他萬分詫異的是，花園裡所有的花草樹木都枯萎了，園中一片荒涼。

後來國王明白，橡樹由於沒有松樹那麼高大挺拔，因此輕生厭世死了；松樹又因自己不能像葡萄那樣結許多果子，也死了；葡萄哀嘆自己終日匍匐在架上，不能直立，不能像桃樹那樣開出美麗可愛的花朵，於是也死了；牽牛花也病倒了，因為它嘆息自己沒有紫丁香那樣芬芳；其餘的植物也都垂頭喪氣，無精打采，只有很細小的心安草茂盛生長。

國王問道：「小小的心安草啊，別的植物全都枯萎了，為什麼你這小草這麼勇敢樂觀、毫不沮喪呢？」

小草回答說：「國王，我一點也不灰心失望，因為我知道，如果國王您想要一棵橡樹，或者一棵松樹、一叢葡萄、一株桃樹、一株牽牛花、一棵紫丁香等等，您就會叫園丁把它們種上，而我知道您希望於我的就是要我安心做小小的心安草。」

人各有所長，各有所短。我們既不能專門以己之長，比人之短；也不應以己之短，比人之長。生活中的許多煩惱都源於我們盲目和別人比較，而忘了享受自己的生活。

幸福有很多種。別人以為吃喝玩樂就是幸福，但不讓你吃喝玩樂就未必不幸福。所以，生活中我們無需與別人比較。因為，比較來的幸福不牢靠，哪怕你比過了別人，幸福還是會偷偷溜掉的。

煩惱往往是自找的，千萬不要自尋煩惱

生活中，人一旦被煩惱籠罩住，那他的生活將苦不堪言。那麼，煩惱到底躲在哪裡呢？我們又將如何擺脫煩惱呢？

一個年輕人四處尋找解脫煩惱的祕訣。

這一天，他來到一個山腳下。只見一片綠草叢中，一位牧童騎在牛背上，吹著悠揚的橫笛，逍遙自在。

年輕人走上前去詢問：「你看起來很快活，能教我解脫煩惱的方法嗎？」

牧童說：「騎在牛背上，笛子一吹，什麼煩惱也沒有了。」年輕人試了試，卻沒有用。於是他又繼續尋找。

年輕人來到一條河邊，看見一位老翁坐在柳樹下，手持一根釣竿，正在垂釣。他神情怡然，自得其樂，年輕人走上前去鞠了一個躬：「請問老翁，您能賜我解脫煩惱的辦法嗎？」

老翁看了他一眼，慢慢說：「來吧，孩子，跟我一起釣魚，保證你沒有煩惱。」

年輕人試了試，還是沒有用。

於是，他又繼續尋找。不久，他來到一個山洞裡，看見有一個老人獨坐在洞中，面帶滿足的微笑。

年輕人深深鞠了一個躬，向老人說明來意。

長髯者微笑著摸摸長髯，問道：「這麼說你是來尋求解脫的？」

年輕人說：「對對對！懇請前輩不吝賜教。」

老人笑著問：「有誰捆住你了嗎？」

「……沒有。」

「既然沒有捆住你，又談何解脫呢？」

生活中，有很多煩惱就是我們自找的，是自己捆住了自己。許多人都這樣假設：假如變成這樣要怎麼辦？假如變成那樣又會如何？這樣做會不會變得更差呢？

有時我們會不自覺為一些芝麻綠豆大的小事煩惱，而且常常往壞處想。只是我們經常會認為這只是小毛病，不值得太重視，可是等到事態嚴重的時候，已經積重難返了。仔細想想的確有點好笑，自尋煩惱只有百害而無一利，再怎麼樣的憂慮都無法解決任何問題，只會讓自己心情不好，想法更消極而已。可是為什麼許多人仍然會自尋煩惱呢？這主要是性格使然，也有環境因素的影響。

其實人生大多數煩惱都是自找的。比如說，有人當了幾年主管，想往上更高一層，沒想到老闆提升了一個資歷遠不如自己的人上去了，於是就煩惱、不高興。他卻不知自己現在的這個位置已經有很多人在羨慕了。

煩惱只存在於自己的想像中，就像一張無形的大網，藏在人們心裡，一不留神它就會出來網走我們的快樂和好心情，所以千萬不要自尋煩惱，也不用今天就急著解決明天的難題。因為人生每天都有每天的功課要完成，所以還是先努力完成今天的功課吧！

如果你想的是厄運和悲哀，那麼悲哀和厄運就在前面

我們每個人的思想，無論是好的還是壞的，時不時都會籠罩著某種消極的情緒，關鍵看我們要以怎樣的態度去對待這種情緒。

消極情緒不但會擊敗一個人，有時還會造成一個人心靈上巨大的恐慌，使之失去理智，甚

至有時還會影響到一個人的健康。

下面是一個醫生講述的故事：

許多年以前，我剛開診所不久，開始做整形外科手術。一個高個子黑人來找我，他站在我面前就像黑鐵塔。他向我抱怨他的嘴唇不對勁。我叫他傑西先生。我檢查了一下，他的下唇有些突出，但是並沒發現有什麼異常，我就這麼告訴了他。

傑西先生說，來整形不是他的主意，而是女朋友的要求。她告訴傑西，在公共場合她羞於和傑西在一起，因為傑西的嘴唇那麼突出。我發現傑西是個彬彬有禮、和藹可親的巨人，我想和他談戀愛的女人不會對他那麼挑剔的。但是即便我這麼說，他仍然要我做手術。考慮到高昂的手術費用也許會讓他放棄，我就對他說，做手術可能得花一千兩百美元。傑西先生說他付不起這筆費用，於是優雅鞠了一躬向我致謝，便告辭而去。但是第二天一早他就又來了，還拎著個小包。他把黑包裡的東西倒在桌子上，成百張的鈔票傾瀉而出。一千兩百美元是傑西先生一生的積蓄，他把錢捧給我，懇求我做手術。

我大吃一驚，又有點難過，因為我並不想掠奪他的財產。這筆錢對他來說數額巨大。我向他承認，我要的費用太高了，其實是希望他放棄手術，因為他根本就不需要做手術。但是傑西先生說他還是想做手術，如果我不收他這個病人，他就去找別的醫生。我只好同意，不過費用會比通常低一些，條件卻是他得告訴女友，我的手術費是一千兩百美元。手術很簡單，局部麻醉之後，我從他內唇切除了多餘的組織，傷口邊緣的皮膚非常好，嘴唇外也包紮上紗布。半個小時之內，手術就做完了。病人又來複診了幾次，換了紗布。手術一週以後，傑西先生來做了最後一次複診。所有的整形都在唇內完成，沒有留下看得見的傷疤。

傑西先生對他的嘴唇非常滿意。他緊緊握著我的手，用渾厚的嗓音說著感謝的話，發自內心感激我。然後，高大的身影邁著大步離開了診所。

幾週之後傑西先生又來了。我差點認不出他了，他的身軀彷彿縮了水，手也沒了力氣。他的聲音刺耳尖利，我問他發生了什麼事情。

「臭蟲，醫生……臭蟲！」

「什麼樣的臭蟲？」

「非洲臭蟲，醫生，」他說：「牠咬我，我快被牠折騰死了。」

傑西先生告訴了我他的苦惱。拆除繃帶之後，他馬上就去找女友，女友問他嘴唇整形花了多少錢，他按我的要求告訴她「一千兩百美元」。女友勃然大怒，指責他騙了自己一千兩百美元，因為這筆錢本該是她的。女友說自己從來沒有愛過他，她詛咒傑西先生，說他將死於她的詛咒。傑西先生非常難過，垂頭喪氣回到住處，在床上躺了四天。他想到了詛咒，雖然受過良好的教育，可他終究沒學過咒語和魔法。傑西和這個女人相遇，也許就是女人的魔法：如果她不恨他，就能用咒語控制他。那麼現在她也許真能要他的命。

想著這些，傑西用舌頭舔了舔嘴，發現嘴裡的確有個可怕的東西。不久，女房東帶了個「醫生」來看傑西，因為他躺在房間連飯都不吃了。傑西先生告訴來客，他嘴裡有可怕的東西。「醫生」檢查了一下，從傑西的嘴裡拿了出來。「牠會殺了你啊！」「醫生」說，「黏糊糊的非洲臭蟲叮在你嘴裡，那是因為咒語在你身上發作了！」

這個大個子恐懼的喘息著，雙手蒙住了臉。

「牠真在你嘴裡？」我問傑西。

「是的，醫生。」他告訴我那個所謂的「醫生」如何如何設法幫助他用水、牙膏、藥劑來驅蟲。但是咒語太厲害了，「非洲臭蟲」怎麼都消滅不了。現在傑西滿腦子想的都是「非洲臭蟲」，對「非洲臭蟲」的恐懼使他失眠。「牠毀了我的嘴唇……」

「你的嘴唇？」

「是的，醫生，我嘴裡……」

「你以前沒說是嘴唇。」

我檢查了一下，「是牠？」

他點點頭。

「我來幫你對付牠吧。」

「拜託您了。」

我在注射器中裝滿麻醉劑，把它注射進傑西的嘴唇，麻醉劑起作用之後，我用手術刀和鑷子把「非洲臭蟲」取了出來。整個過程只用了一秒鐘。

我把紗布上的「非洲臭蟲」拿給傑西先生看，它比米粒大一點。

「這就是臭蟲，先生？」他看起來不太相信。

「它只是疤痕組織的一部分，是你修整唇形拆線時留下的傷疤。」

「那麼，其實沒有非洲臭蟲？」

我笑了。

傑西先生站起來，彷彿瞬間就恢復了體重，臉上綻開了笑容，嗓音恢復了正常。他又向我鞠躬告別。故事有個幸福的結尾，傑西先生寫了封信給我，裡面有張他與新婚妻子的照片。他問候我，並自嘲了「非洲臭蟲」的笑話。照片中，他微笑著，高大英俊，剛滿三十歲，旁邊可愛的女孩是他的青梅竹馬，從小就認識。

從這個故事中我們可以看出，消極的情緒真的很可怕，它會帶來巨大的傷害給人的精神世界，因此，我們一定要杜絕那些不良的消極情緒走進我們的工作和生活。

如果你想的是厄運和悲哀，那麼悲哀和厄運就在前面。消極的心態會在愚昧無知的基礎上不斷生長，直到侵占了你的思想，腐朽了你的靈魂。

苦難並不可怕，可怕的是面對苦難失去希望

希望就像一座燈塔，在人生的道路上潛移默化指引著我們向前走去，因此，只要我們在心中給自己一份希望，人生的坎坷和曲折就會變得不再可怕。

自從我們降生到世上的那一刻起，不管自己是否願意，在一生中都要經歷許多挫折和磨難，這已成了事實。此時我們可以選擇退縮，也可以選擇一往直前。只是不論我們退縮或前進，坎坷的道路已經踩在了自己的腳下，如果放棄希望畏縮不前，那坎坷、泥濘將永遠駐足在我們的腳下，如果在希望的指引下勇敢邁出步伐，前面等待我們的就可能是一片陽光。

如果你是一個聰明的人，最好的做法應該是：審視自己目前所受的挫折甚至失敗，使挫折成為成功的階梯，從現在開始，重建自信，重新加入到生活的戰鬥中去。

幾年前，美國一位財政部長到南卡羅萊納州的一個學院發表演說。這個學院規模不大，整個禮堂坐滿了學生，他們為有機會聆聽一個大人物的演說而興奮不已。

演講開始，他走到麥克風前，掃視了一遍聽眾，說：「我的生母是聾啞人，因此沒有辦法說話；我不知道自己的父親是誰，也不知道他是否還在人間。對我來說，生活陷入艱難之中，而我這輩子的第一份工作，是到棉花田去做事。」

台下一片寂靜，聽眾顯然都驚呆了。

「如果情況不如人意，我們總可以想辦法加以改變。」他繼續說，「一個人的未來怎麼樣，不是因為運氣，不是因為環境，也不是因為生下來的狀況。」他重複著方才說過的話，「如果情況不如人意，我們總可以想辦法加以改變。」

「一個人若想改變眼前充滿不幸或無法盡如人意的情況，那他只要回答這樣一個簡單的問題：『我希望情況變成什麼樣？』確定你的希望，然後就全身心投入，採取行動，朝著你的理想目標前進即可。」

這則故事給我們的啟發是：只要你心中有希望，成功的彼岸就不遙遠，它能指引著你認清自己的方向並走出成功的人生。

有一位彈奏三弦琴的盲人，渴望能夠在他有生之年看看這個世界，但是遍訪名醫，都說沒有辦法。

有一日，這位民間藝人碰見一個道士，這位道士對他說：「我給你一個保證治好眼睛的藥方，不過，你得彈斷一千根弦，才可以打開這張紙條。在這之前，是不能生效的。」

於是這位琴師帶了一位也是雙目失明的小徒弟遊走四方，盡心盡意以彈唱為生。

一年又一年過去了，在他彈斷了第一千根弦的時候，這位民間藝人將那張永遠藏在懷裡的藥方拿了出來，請明眼的人代他看看上面寫著的是什麼藥材，好治他的眼睛。

明眼人接過紙條來一看，說：「這是一張白紙嘛，並沒有寫一個字。」那位琴師聽了，潸然淚下，突然明白了道士那「一千根弦」背後的意義。就為著這一個「希望」，支持他盡情彈下去，而這五十三年就如此活了下來。

這位老了的盲眼藝人，沒有把這故事的真相告訴他的徒兒，他將這張白紙慎重交給了他那也是渴望能夠看見光明的弟子，對他說：「我這裡有一張保證治好你眼睛的藥方，不過，你得彈斷一千根弦才能打開這張紙。現在你可以去收徒弟了，去吧，去遊走四方，盡情彈唱，直到那一千根琴弦全部彈斷，就有了答案。」

留住希望之弦，盡情彈唱。昨天是痛苦的夢，而明天卻是充滿希望的憧憬。在困境中如果你認為自己真的失敗了，那麼你就會躺下來，如果你對自己說「一定要堅持」，那麼你就會走過險途獲得勝利。

希望還是一劑良藥，它能慰籍孤獨的靈魂，勇敢接受已經殘缺不全的人生。希望是永恆的喜悅。它就像人們擁有的土地，年年有收益，是用不盡的、最牢靠的財產。希望，如同埋在土地裡的種子；希望，深藏在趕路者的心中；希望，是人們對人生的渴望，對美好未來的嚮往。

其實，苦難並不可怕，可怕的是面對苦難失去希望，失去應有的鬥志，站在苦難面前萎靡不振，趴下去後再也不想爬起來。但是，你如果對這些困難無所畏懼，積極朝著希望前行，逆境反而可以成為動力，帶你駛向理想的目標。

把煩惱寫在紙上，不要擱在心上

有人說：「怒氣是不可以長期積壓的。」如果你將自己不愉快的情緒或心中的煩悶訴說出來，那你心裡的煩悶就能獲得及時解決。

現代的人類雖然征服生理疾病的能力大大提高了，但是征服心理疾病的能力還很不盡如人意。不少人面對煩惱、憂慮、生氣、抑鬱、緊張等消極情緒束手無策。

如果把煩惱寫在紙上，其實是很好的發洩療法。正像英國詩人詩中所言：

我對朋友感到憤怒：我盡情發洩著，它消失了。

我對敵人感到憤怒：我埋在心頭，它滋長了。

這段詩形象而生動的說明，一個人有了煩惱，或者感到憤怒時，就要盡情發洩出來。這樣，疾病會遠離你，千萬不要埋在心裡，否則，就是用自己來懲罰自己。

曾有一些心理醫生做過一些試驗，驗證是否能夠讓患者進入深層的放鬆狀態，然後再讓他們去想像那些引發憤怒、痛苦、悔恨、負罪、絕望、或沮喪等情感的環境，再看他們那些強烈情感是否能夠消失。使心理醫生驚奇的是，在允許患者完全表露宣洩他們的情感之前，他們無法達到深度的放鬆。他們在放鬆活動的過程中，沒有得到表達的情感可能會突然爆發出來。患者往往會變得憤怒異常，開始大喊大叫，或者表現出其他內部深層痛苦的種種徵兆。

為了處理這些基本的情感，心理醫生還是回頭求助於釋放和表達情感的基本方法。一旦某種情感得到了充分的表達和釋放，它也就煙消雲散了。從這一點出發，心理學家提供給患者充分的機會，讓他們充分表達和發洩各種情感，並從中吸取某些有益的東西，然後再做放鬆訓練活動。這樣，心理醫生發現患者便能夠按照系統減壓法的要求，去做放鬆的學習和應用，並積極運用形象思維。簡單來說，在患者深度放鬆之前，他們似乎必須從以前的情感中學到或者領略什麼之後，才能「放」它們走。

因此，許多心理學者鼓勵人們自然宣洩情緒，有氣不要悶在心裡，最好釋放出來。但隨便亂發脾氣畢竟是損人不利己的行為，因此，此時您不妨找個要好的朋友訴訴苦，說說心中的苦悶，或者將苦悶寫在紙上，狠狠甩進垃圾桶，讓它自生自滅去吧！

正確對待憂慮，不要讓憂慮絆倒你

每個人都有夢想，但實現夢想需要走很長很長的路，這究竟是為什麼呢？因為實現夢想的路上有很多客觀存在的困難，這是一個必然的因素，但是，除此之外，人們心裡的憂慮也是一個不可忽視的問題。

正確對待你的憂慮，把憂慮當作一份上天賜給自己的禮物，從中搜集自我意識，並鼓勵自己去冒險。還要記住要向朋友們尋求支持和鼓勵。在自己的成功及其所帶來的好處安撫下，你就能更信任自己的能力並保持這種繼續冒險的勇氣。

高爾文是個身強力壯的愛爾蘭農家子弟，充滿了積極進取的精神。

十三歲時，見別的孩子在火車站月台上賣爆米花，他不由得被這個工作吸引了，也一頭闖了進去。但是，他不懂早已占住地盤的孩子們並不歡迎有人來競爭，他們搶走了他的爆米花，並將其全部倒在街上。

第一次世界大戰結束後，高爾文從部隊回家，他辦了一家電池公司，可是無論他怎麼努力，產品依然銷售不出去。有一天，高爾文離開公司去吃午餐，回來時卻只見大門上了鎖，公司被查封，高爾文甚至不能進去取出他掛在衣架上的大衣。

到了一九二六年，他又跟人合夥做起收音機生意來。當時，全美國估計剛有三千台收音機，預計兩年後將會擴大一百倍，但生意卻還是一天天走下坡路，不到三年，高爾文又一次破了產。

這時，他已陷入絕境，只剩下最後一個掙扎的機會了——當時他一心想把收音機裝到汽車上，但許多技術上的困難還有待克服。

到一九三〇年底，他的製造廠帳面上已經欠了三百七十四萬美元。在一個週末的晚上，他回到家中，妻子正等著他拿錢來買食物、交房租，可他摸遍全身只有二十四美元，而且全是借來的。

然而，高爾文是一個懂得樂觀和堅持的人，經過多年的不懈奮鬥，如今的高爾文早已腰纏萬貫，他蓋起的豪華家園就是用他的第一部汽車收音機的牌子命名的。

在很多的時候，我們的心情都和我們所處的環境有很大關係，當我們所處的環境很好的時候，我們可能表現得很快樂，或者很幸福，並且願意在這樣的環境中生活。當我們處在困難，或者不好的環境中的時候，大多數人都選擇了憂慮的心情。在這裡，與其說是環境讓我們改變了心情，不如說是環境促使我們選擇了那種悲觀憂慮的心情。

由此可見，無論什麼時候，無論在多麼困難的狀態和環境下，你都應該保持無憂無慮的快樂心情，這才是明智的選擇。有很多東西是我們無法改變的，我們的出生，我們所在的環境，還有我們所處的時代，這些都是我們所無法改變的。但有些東西我們卻可以改變，那就是我們的心情。

有時，當你面臨失意或失敗時，憂慮就會像你的影子一樣跟著你。此時，你只要靜下心，靜靜體驗，靜靜感受，並把這些失意、創傷經歷當作是上帝送給自己的禮物，你就再也不會被憂慮所困擾，再不會有被驚嚇的厄運，而是滿懷信心去工作、生活和讀書。因此，我們任何時候都要記住：當我們失意時，憂慮正潛伏在我們的周圍想趁虛而入。此時你一定要堅強，絕不能放棄心中的希望。因為，只要每天擁抱著希望，明天就會以微笑的姿態向你走來。

給予別人快樂，你自己也會快樂

在生活中，快樂有豐富的內容，它也會以多種方式給予你無盡的快樂。只是有些人一開始就有些誤解，總以為只有從生活中索取才能使一個人快樂。其實不然，站在生活這一繁瑣的課題面前，我們應該明白一個道理，那就是給予比接受更令人快樂！

這一年的耶誕節，保羅的哥哥送給他一輛新車作為聖誕禮物。耶誕節的前一天，保羅從他辦公室出來時，看到街上一名男孩在他閃亮的新車旁走來走去，觸摸它，滿臉羨慕的神情。

保羅饒有興趣看著這個小男孩，從他的衣著來看，他的家庭顯然不屬於自己這個階層。就在這時，小男孩抬起頭，問道：「先生，這是你的車嗎？」

「是啊，」保羅說，「我哥哥給我的耶誕節禮物。」

小男孩睜大了眼睛：「你是說，這是你哥哥給你的，而你不用花一美元？」

保羅點點頭。小男孩說；「哇！我希望……」

保羅認為他知道小男孩希望的是什麼，有一個這樣的哥哥。

但小男孩說出的卻是：「我希望自己也能當這樣的哥哥。」

保羅深受感動，他看著這個男孩問：「要不要坐我的新車去玩耍？」

小男孩驚喜萬分答應了。

逛了一會兒之後，小男孩轉身向保羅說：「先生，能不能麻煩你把車開到我家前面？」

保羅微微一笑，他理解小男孩的想法：坐一輛大而漂亮的車子回家，在小朋友的面前是很神氣的事。

但他又想錯了。

「麻煩你停在兩個台階那裡，等我一下好嗎？」

小男孩跳下車，三步兩步跑上台階，進入屋內，不一會兒他出來了，並帶著一個顯然是他弟弟的小孩，因患小兒麻痹症而跛著一隻腳。他把弟弟安置在下面的台階上，緊靠著坐下，然後指著保羅的車子說：「看見了嗎？就像我在樓上跟你講的一樣，很漂亮對不對？這是他哥哥送給他的耶誕節禮物，他不用花一美元！將來有一天我也要送你一部和這一樣的車子，這樣你就可以看到我一直跟你講的櫥窗裡那些好看的耶誕節禮物了。」

保羅的眼睛濕潤了，他走下車子，將小弟弟抱到車子前排座位上，他的哥哥眼睛裡閃著喜悅的光芒，也爬了上來。於是三人開始了一次令人難忘的假日之旅。

在這個耶誕節，保羅明白了一個道理：給予比接受更令人快樂。

事情往往是這樣，當你是接受方的時候你只能體會到一個人的快樂，如果你是給予別人，你自己會快樂，同時接受的人也會快樂，這樣你就擁有了雙重快樂。

幽默是輕鬆劑，讓生活更多彩

一位教授到餐廳用餐，發現啤酒杯中有一隻蒼蠅，他對服務生說：「以後請將啤酒和蒼蠅分別置放，由喜歡蒼蠅的客人自己將蒼蠅放在啤酒裡，你覺得怎麼樣？」

教授的幽默除去了常人的不快和惱怒，使生活變得輕快寬鬆。

一位年輕的士兵在宴會上斟酒時不慎將酒潑到一位將軍的禿頭上，頓時，士兵愕然，全場寂靜，這位將軍卻悠然輕撫士兵的肩頭，說：「兄弟，你認為這種治療有用嗎？」會場立即爆發出笑聲，人們繃緊了的心弦鬆弛了下來。

幽默是一種生活中不可或缺的、緩解緊張狀況的輕鬆劑，知道運用它的人可以將事情變得簡單一些、快樂一些。

幽默不只是偶爾開個玩笑而已，它是基本的求生工具，也是生活中急切需要的工具。大家都需要多點笑，少點擔憂，不要把自己的不如意事，甚至是痛苦事看得那麼嚴重。幽默可以消除家庭裡的緊張或業務上的危機，可以令人躺在醫院病床上時好過些，可以使人站在擁擠的電梯裡或付款櫃檯前的長龍裡時不覺得難受。

如今，人們的生活、工作節奏加快，每天神經繃得很緊，如果下班回家，朋友之間交往，來上一兩句幽默，或說件愉快的見聞，疲勞和煩惱就會煙消雲散，便能感到一身輕鬆。

幽默屬於熱愛生活、奮發向上、充滿自信的人。生活需要幽默，如同需要春風、需要時雨、需要甜蜜、需要笑臉一樣。人與人之間有了幽默就不至於生澀，而且常常可以使感情昇華。試著讓你的生活中少一點驕陽炙人的訓誡，多一點春風宜人的幽默吧！

第二個行為習慣　培養優秀氣質的習慣

氣質是可以透過習慣培養出來的，只要平時養成良好的生活習慣，那麼我們的言談舉止都會顯現出獨有的魅力。所以要想擁有好的氣質，就要先養成好的習慣，讓我們從習慣開始改變自己，為塑造好的氣質而改變自我吧。

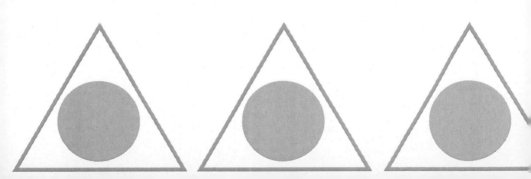

具有感染力的肢體語言，可以造就優雅的舉止

很多人相信身體語言揭示人的內在世界比語言表達得更真實、更可信。也許你還沒意識到你的每一個動作會有這麼大的影響，但是不要忘了，每個觀察你的人都是業餘心理學家，他們會無時無刻、準確分析你的每一個動作，正如我們每時每刻都在分析別人一樣。

無論你是進入會議室，還是宴會廳，無論是高爾夫球場，還是董事會，你的身體語言就已經悄然和別人交流了。透過你的走路姿勢、站姿、坐姿、神態、表情、目光、進門的儀態、告別的姿勢等等，你已經用無聲的、豐富的語言在告訴人們你是誰、你有什麼心態，你是對生活充滿自信的成功者、還是消極對待人生的失敗者。

一位剛剛畢業的林先生在參加某外資公司的招聘面試時，主考官讓他將椅子靠近一點坐時，他並沒有在意，放椅子時發出了較大的響聲，結果使他失去了這份工作機會。事後，這位林先生深有感觸說：「我當時把應聘可能考慮的細節全都注意到了，當時衣著整潔乾淨，履歷精美，回答問題也可以說是乾淨俐落，但萬萬沒有想到主考官要我移動椅子竟然是一種考法。」

心理學家認為，身體語言可以用於理解交流者之間的關係、條件和處境，是職業型的、親朋型的，還是上下級、師生或其他的關係。透過身體語言我們可以表達語言所不能表達的

內容，尤其是與那些位置高於我們的人交流時，身體語言可以展示我們自己，消融我們之間的距離。

目前，有許多公司在招聘自己需要的人才時，都設置了一定的「門檻」，他們不僅要求人才具備較高的學歷、專業知識以及技能，同時還要求人才具有較好的修養和心理素質。肢體語言的魅力提醒許多求職者在面試時要格外注意某一個細節。

一位應屆畢業生，在應聘一家廣告公司時，就很好把握了這一點，事後他繪聲繪色說，「應聘不同於談判，不能用眼睛逼視對方，這樣會使對方產生一種戒備心理，不利於面對面交流和溝通思想。因此，面試時，我的眼睛通常只盯住主考官鼻尖下方到嘴唇上方的那個部位，這樣，對方在說話時我能夠注意集中力去聽，並能夠快捷調動思維，做到準確及時回答問題；而且我的表情不會有所拘謹，可以始終保持自然，再不時配以真誠的微笑，表示我對他所說的話能夠理解和認可，結果我們之間談得很融洽，應聘很順利」。最後，這位應屆畢業生很順利跨過了這家公司的門檻。

在西方的商業領域和政治領域，人們深刻理解身體語言的作用，他們的需求為身體語言的培訓提供了廣闊的市場。因此，很多人都會將身體語言的培養當作一項重要的功課，正是這種良好而有意的訓練，才造就了他們優雅的舉止。

邱吉爾首相有一個經典手勢——「V」。比如他在當選首相的時候，在發表演說的時候，在盟軍登陸諾曼第的時候，在法西斯土崩瓦解的時候，他總是喜歡伸出食指和中指，做出一個豪邁的「V」形手勢。現在「V」形手勢已成為世界通用的手勢了。正如他的夫人代邱吉爾先生領取諾貝爾文學獎時所說：「在黑暗的年代裡，他的言語以及與之相應的行動，喚起了世界各地千百萬人們心中的信念和希望。」

法國的戴高樂在發表演講時總是聳起肩作出要抓住天空的手勢，用來有效煽動人們的情緒。

這種利用代表各種「手的表情」的手勢來增強說服力的方法並不只限於政界或演講中，在商業活動或日常的人際交往中要想增強說服力或得到對方肯定時，手可以說是一個十分重要的「小道具」。

無論是歐洲的首相，還是歐洲的皇族，都告訴我們，富有藝術力的肢體語言，優雅的舉止，是可以訓練出來的。訓練肢體語言，意味著矯正一種散漫的壞習慣，養成一種得體、有度的好習慣。

如果你知道從何開始，你不妨參加這樣的培訓班，這樣，就能學到一些肢體語言的常識。

比如眼睛對著眼睛看，會使對方覺得渾身不自在，如此便不能很愉快的談話了。如果面對面談話，當你想把自己的感情認真正經傳達給對方，或者你認為對方是個令你討厭，必須敬而遠之的人時，你的這種感情也會傳達給對方知道。因此，這就是為什麼必須站在稍稍旁邊的位置上講話的緣故。如果你站的位置正好是這個位置的話，那麼，你一定會覺得談話出乎意料順利。

再者，有時拍拍肩、強力握住對方的手等等，這些動作都能使對方倍感親切。尤其是對方比自己年長時，或者對方是自己的主管時，如果你想要好好把自己的感覺傳達給對方的話，那麼，你應該站在對方的正面稍微斜一點的地方，如此必能緩和緊張的氣氛，談話便得以順利接下去。

對於追求成功的人來說，養成充分運用身體語言的習慣是很重要的。

抬頭挺胸，從容大方體現好氣質

現代人有許多壓力來源，不論是什麼人，不同的角色與身分會有不同的壓力存在，面對壓力，有不少人會有不自覺的駝背習慣。駝背給人的外觀感覺不僅是沒有精神和氣質，而且會間接影響人際關係。而那些具有良好氣質的人，沒有哪個看起來是猥猥瑣瑣的。

身心拘謹的人往往對自己不滿意，對自己不滿意不一定是件壞事，但如果這種不滿影響了你的工作和生活，影響了你的形象和精神，那麼，要注意了，它就成了你不自信的根源。產生不自信的原因很多，不外乎客觀因素和主觀感受兩個方面：

客觀因素主要包括：自身條件的限制，比如學歷、身高、容貌、家庭背景、職業環境對你的認同等等，這可能在一定程度上影響你對自我的判斷，從而影響你的精神面貌、工作能力，最終的結果是影響了上司對你的看法、與同事的關係以及你個人的升遷之路。

主觀感受是指對發生在我們身上的事情的判斷和我們對自身的評價，當然主要包括對工作能力、公關交往、外形氣質方面的評價，這種評價來源於旁人對你的點評，以及你把自己與他人作比較。於是，久而久之，你就連走路都無法抬頭挺胸，開會都不敢發言了，哪裡有從容大方可言呢？

世界大戰前期，有一個人把全部財產投資在一種小型製造業上。由於世界大戰爆發，他無法取得他的工廠所需要的原料，因此只好宣布破產。金錢的喪失，使他大為沮喪，於是，他離開妻子兒女，成為一名流浪漢。他對於這些損失無法忘懷，而且越來越難過，後來甚至想自殺。

一個偶然的機會，他看到了一本書，這本書帶來勇氣和希望，他決定找到這本書的作者，請作者幫助他再度站起來。

當他找到作者，說完他的故事後，那位作者卻對他說：「我已經聽完了你的故事，我希望我能對你有所幫助，但事實上，我卻沒有能力幫助你。」

他的臉立刻變得蒼白。他低下頭，喃喃說道：「這下子完蛋了」。

作者停了幾秒鐘，然後說道：「雖然我沒有辦法幫助你，但我可以介紹你去見一個人，他可以協助你東山再起。」

他立刻跳了起來，抓住作者的手，說道：「請帶我去見這個人。」

於是作者把他帶到一面高大的鏡子面前，用手指著鏡子說：「我介紹的就是這個人。在這世界上，只有這個人能夠使你東山再起。除非坐下來，徹底認識這個人，否則，你只能跳到湖裡。因為在你對這個人充分認識之前，對於你自己或這個世界來說，你都將是個沒有任何價值的廢物。」

他朝著鏡子向前走幾步，用手摸摸他長滿鬍鬚的臉孔，看著自己佝僂的身體他後退幾步，低下頭，開始哭泣起來。

不久後，作者在街上碰見了這個人，幾乎認不出來了。他的步伐輕快有力，頭抬得高高的，他從頭到腳打扮一新，看來是很成功的樣子。「那一天我離開你的屋子時，還只是一個流浪漢。我對著鏡子找到了我的自信。現在我找到了一份工作，我的老闆先預支一部分錢給我。

我現在又走上成功之路了。」他還風趣的對作者說：「我正要前去告訴你，將來有一天，我還要再去拜訪你一次。我將帶一張支票，簽好字，受款人是你，金額是空白的，由你填上數字。因為你介紹我認識了自己，幸好你要我站在那面大鏡子前，把真正的我指給我看。」

給自己一個從容大方、抬頭挺胸的新形象，從形象入手，無論你多大年紀，都要挺起胸來。穿乾淨的服裝、換一個時髦的髮型，走路步伐加大十五公分，加快速度，說話聲音大二十分貝，在走廊與旁人熱情打招呼。這是建立從容大方新形象的新開始。

在健身會員中我們常會看到這樣一些人，無論他們在健身房裡如何努力，也無法擺脫不良身型的陰影。歸根結底，是他們無法徹底告別跟隨他們多年的不良習慣。

不要以為你平時的一些不良習慣不會影響你的外觀，你錯了，那些小動作正在慢慢吞噬你的魅力！本著對自己負責的原則，從現在起你應該做到：

（1）腰背打直挺胸而坐

人體由骨骼與骨骼相連接而成，而骨骼之間由肌肉連接，哪個部位的肌肉沒有張力，該部位就會癱軟，形成贅肉。坐在椅子上把腰挺直，與挺胸打坐相仿，腹肌和背肌都必須用力，這就是一種運動。坐在會議桌、辦公桌前時，與其駝背發呆，不如積極改變坐姿，訓練腹肌。

（2）抬頭挺胸昂首闊步

抱著胳膊、慵懶散步看似優雅，卻暗藏鼓勵贅肉生成的危機！抱著胳膊走路，會使你的身體不知不覺向前傾，小腹因受到壓迫而隆起，此時腹肌處於不出力的狀態，脂肪逐漸囤積，贅肉也就跟著來報到了。從今天起，擺動手臂、昂首闊步，走路時伸展筋骨，不僅血液迴圈順暢，還會因此而消耗脂肪。

切記，不論心情再壞、挫折再大，也要抬頭挺胸踏出每一步，重新站起來！

大方得體的外在素養，是成功者必不可少的

一個成功者是由兩方面的素質組成的，一是內在精神力量、氣質修養；二是外在的衣著服飾、言談舉止，這兩方面的素質缺一不可。沒有內在精神力量，根本不可能成功；只有那種精力充沛，奮發向上，勤奮努力的人才會在事業上奮鬥不息，才會成為一個成功者。而一個成功者，同時在外表上，也應該是一個俐落、精幹、大方、瀟脫的人，尤其是一個社會工作者，如果很拖遝，衣飾不潔不整，是不會給人好印象的。

幾年前，王某畢業於一所名校的經濟系，那時，他是一個追求獨特個性、充滿了抱負和野心的年輕人，他相信「人的真正才能不在外表，而在大腦」。對那些為了尋求工作而努力裝扮自己的人，他嗤之以鼻。他認為真正珍惜人才的現代化公司不會以外表衡量人的潛力。如果

一個公司在面試時以外表來論人，那麼這也不是他想為之效力的企業。他不僅穿著牛仔褲、T恤，還穿上一雙早已落伍的黑布鞋，他認為自己獨特的抗拒潮流又充滿叛逆性格的裝束，正反映了自己有獨特創造性的思想和才能。

然而，他去外企一次次面試，卻一次次地失敗結束。直到最後一次，他與同班同學去某外企公司面試。他的同學全副「武裝」，髮型整潔、面容乾淨、西裝革履，手中提了個只放了幾頁紙的皮公事包，看起來儼然已是成功者的姿態，而自己依然是那套「瀟灑」的服裝，外加上「性格宣言」的黑布鞋。

在他進入面試的會議室時，看到約有五六個人，全部是西服正裝，他們看起來不但精明強幹，而且氣勢壓人。他那不修邊幅的休閒裝，顯得如此與眾不同、格格不入，巨大的壓力和相形見絀的感覺使他「恨不能找個地縫鑽進去」。他沒有勇氣再面試下去，終於放棄了機會。

儘管高科技的發展改變了社會的經濟結構，縮短了製造成功者的過程。許多電腦奇才在一夜之間暴富，昨日的工程師，今天成了高科技公司的大股東。他們還來不及接受傳統商業文化的洗禮和薰陶就來上班了。時代的幸運兒們跳躍了傳統的企業家、金融家發展所必然經歷的艱辛道路，他們雖然用效率最高、最有活力的方式工作，卻忽略了傳統的商務禮儀、商務文化的重視及培養。公司的形象、個人的形象、成功者的素質等概念，還來不及滲透到發展一日千里的科技行業，更何況許多工作和交流是透過電腦網路進行的，他們的工作性質是面對著電腦、最大可能發揮自己的才能，而電腦這個理性的機器是不會分辨穿牛仔褲、T恤衫的工程師和穿西裝、打領帶的紳士之間的區別。高科技的精英們休閒的、寬鬆的風格像狂風一樣衝擊了傳統的「形象管理」理念。

美國形象設計師曾就中上層階級和中下層階級著裝能引起什麼樣的待遇和人們如何看待這兩個階級人的成功率做了上千人的實驗調查。

他調查了一千六百三十二個人，讓人們看同一個人的兩張照片，他宣稱這是一對孿生子。一個穿著代表中上層階級的風衣，一個穿著代表中下層收入的風衣。結果百分之八十七的人認為穿高級風衣的人是個成功者。

他讓一百個二十五歲左右的出身於美國中部中層階級的年輕大學畢業生，五十人穿著像中上層背景，五十人穿著像中下層出身，把他們送到一百個辦公室，聲稱是新來的公司助理，去檢驗祕書對他們的合作態度。讓這些年輕人對祕書下達「小姐，請把這些檔案幫我找出，我在××先生處」的指示，然後扭頭就走，不給祕書回答的機會。結果發現，只有十二個穿中下層服裝的人得到了檔案，而四十二個穿得像中上層背景的年輕人得到了檔案。顯然，祕書們更聽從那些穿中上層服裝的年輕人的指令，並與他們配合。

他的調查結果證明，人們本能以外表來判斷、衡量一個人的出身和地位，並且由此決定了人們對你的態度。毫無疑問，上面的實驗中祕書們對服裝本身並沒有指點，但服裝標誌了穿衣人所代表的階層，這個標誌影響著他在社會上交往時留給別人的可信度、別人對他的態度和在需要與人配合時的效率。

對於一個職場人士來說，平時要多注意衣著服飾，穿一套好的服裝，會使你顯得精神抖擻，同時還會留給人一種幹練的印象。

內衣一定要衛生清潔，像襯衫、襪子是最容易髒的，尤其是襯衫，人們最注意它的領子、袖口是否乾淨，如果一套筆挺的西裝，卻有一個骯髒的衣領，人們一定不會感到舒服。襪子也是一樣，你坐著與人談話時，腳會不自覺伸出去或翹上來，襪子也就會暴露在人前，如不乾淨不整齊就會讓人反感。頭髮、牙齒、鬍子、臉也是應該經常修理的部分。頭髮一定不要過長，頭髮一長就容易亂，容易髒，要按時理髮，使自己的頭髮保持精神的模樣。鬍子要經常刮，牙齒要經常刷，口中不要有異味，尤其在出去談判時一定不要吃有異味的食物。這麼認真苛求對待自己的外表，也是你對對方的一種尊重。

要穿較好的服裝。服裝品質反映出一個人的經濟狀況，一個人的經濟狀況，又反映出一個人的能力，能幹的人經濟狀況不會太差，服裝就不可能太糟，根據這種常識，我們就要穿一流的服裝。當然我們所說的一流服裝，是相對於你所處的環境，所接觸的人而言的，只要在你經常接觸的環境裡算得上一流就可以了。選服裝要注意品質精良，做工考究，式樣莊重大方，不要穿一些奇裝異服。穿衣服還要注意搭配合理，服裝、鞋子都要注意，不要只顧上不顧下。再來就是顏色搭配合理，什麼顏色的西裝配什麼顏色的領帶、襯衫等等都要注意，不注意就會讓人感到彆扭。

即使你由於經濟狀況的原因暫時還不能為高貴、典雅的穿著習慣投資，那麼起碼你可以讓自己保持整潔。整潔的習慣同樣可以反映出一個人勤奮、上進、讓人喜悅的面貌。當你的經濟足夠充裕之後，你就可以用一套高貴、優雅的服裝來彌補你穿著形象的不足了。

好的外在形象，更容易成功

美國著名形象設計師曾調查美國排名前三百公司的一百名執行總裁，百分之九十七的人認為懂得並能夠展示外表魅力的人，在公司中有更多的升遷機會；百分之一百的人認為若有關於商務著裝的課，他們會送子女去學習；百分之九十三的人會由於首次面試中申請人不合適的穿著而拒絕錄用；百分之九十二的人不會選用不懂穿著的人做自己的助手；百分之一百的人認為應該有一本專門講述職業形象的書以供職員們閱讀。

無論我們認為從外表衡量人是多麼膚淺和愚蠢的觀念，但社會上人每時每刻都會根據你的服飾、髮型、手勢、聲調、語言等自我表達方式判斷著你。無論你願意與否，你都在留給別人一個關於你形象的印象，這個印象在工作中影響著你的升遷，在商業上影響著你的交易，在生活中影響著你的人際關係和愛情關係，它無時無刻不在影響著你的自尊和自信，最終影響著你的幸福感。

英國的形象公司對世界著名的三百名金融公司決策人調查發現，在公司中位置越高的人越認為形象是成功的關鍵，因而就越注重形象的塑造和管理，並且他們也願意雇用和提拔那些有出色的外表和能向客戶展示出良好形象的人。

西方有句名言：「你可以先裝扮成『那個樣子』，直到你成為『那個樣子』。」「看起來像個成功者和領導者」，在你的事業中會為你敞開幸運的大門，讓你脫穎而出。民主選舉時，人們會投你一票；提拔領袖時，你會被群眾接受；對外的商務交往，人們願意相信你的公司是成功的，因而願意與你的公司交易。

傑出的政治家都深刻認識到「看起來像個領袖」在選民中的重要影響，都雇有形象設計師及溝通交流專家、社會心理學家為他們塑造一個能表現自己最佳形象的模式，對自身影響形象的任何一個因素，包括對服飾、髮型、聲音、手勢、姿勢、表情等都精心設計。

在西方政治家競選時，競選人的幕後策劃裡最不能夠缺少的專業人才之一就是形象設計師。他們的目的就是要讓競選人看起來就像是個能夠勝任領袖職位的人。如果看起來不像個領袖，無論你的政治觀點多麼深入人心，也會失去很多追求「魅力領導者」的選民。這樣的例子在西方的商業界也數不勝數，因為他們深刻理解「看起來像個成功者」的形象對事業的促進作用。成功者如果忽略了對自己外在形象的維護，看起來不像個成功的人，是難以得到別人的尊重的。

那麼形象到底是什麼？形象，並不是一個簡單的穿衣、外表、長相、髮型、化妝的組合概念，而是一個綜合的全面素質，一個外表與內在結合的、在流動中留下的印象。形象的內容寬廣而豐富，它包括你的穿著、言行、舉止、修養、生活方式、知識、家庭出身、你住在哪裡、開什麼車、和什麼人交朋友等等。它們在清楚為你下定義——無聲而準確講述你的故事——你是誰、你的社會位置、你如何生活、你是否有發展前途……它包含的豐富內容，為我們塑造成功的形象提供了很大的空間。

加拿大某保險公司人事部門主管，談到形象在初次面試中的重要性時，他說：「這是至關重要的，我們的職業代表著公司的形象，職員的形象反映著我們的產品品質。」當被問到什麼是他們認為可信的形象時，他回答：「能展示出自信、可靠，知道自己在幹什麼，整潔的外表，合乎身分的舉止。」他們認為職員的形象最重要的是能：

（1）溝通、交流、演講、流利的口才、出色的文筆；

（2）出色的外表形象包括穿衣、修飾、個人衛生、髮型、指甲、體形、禮儀等等。

倫敦商學院的行為心理學家說：「人們用三個概念描述成功的領導者——性格、能力、形象。」因為「社會上的人在自己的大腦意識層已為成功者設立了模式」，而「現在的管理界有意迴避對領袖的外形研究，是不符合現代管理思想的」。他形容人們期望「領袖有著傑出的優勢，他高大、有魅力、有漂亮迷人的聲音、有自信的手勢、能充分利用身體語言溝通和交流」。

在心理學家對成功者的調查中，人們普遍認為成功的人物「看起來就像領袖」。西方心理學家們對成功者的研究結果，為追求成功的人提供了豐富的參考價值，幫助無數人少走了多少彎路，節省了多少時間。

這個研究結果同樣適用於我們，它給我們直接的啟示就是，你需要習慣性的、有意識塑造你的個人形象。

開始時要想樹立成功者形象也許是最難的，那時有許多需要考慮的問題，但是人們還是應該優先考慮樹立形象的問題。因為，從一無所有的地基上樹立起一個成功者形象，要比容忍一個惡劣形象的發展好得多，這就好像在一片空曠的土地上建起一座新樓要比先推倒一座舊樓再建新樓容易得多。

優雅的舉止，會留下良好印象

舉止是一個人自身修養在生活和行為方面的反映，是映現一個人內涵的一面鏡子。沒有優雅的舉止，就沒有優雅的風度。在做事過程中，優雅的舉止、高雅的談吐等內在涵養的表現，會給人留下更為良好而深刻的印象。

有「禮」走遍天下，無「禮」寸步難行，個人禮儀將直接影響一個人的受歡迎度，所以得體的舉止是眾多禮儀中重要的一部分。在某種意義上，人的舉止這種無聲的語言，絕不亞於口頭語言所發揮的作用。

舉止禮儀並不是誰規定出來的，而是大多數人經過實踐並被充分認可。所以，你如果舉止不得體，人們就會看不慣，別人就會認為你對周圍人以及交往對象不尊重，那你做事的效果就可想而知了。

小王是一電器公司的推銷員，他去拜訪客戶時，大聲而粗暴的開門習慣影響了客戶對他的第一印象。

當對方的接待人員將他帶領到會客室時，他心裡還在想如何在見到對方時給對方一個好印象，可是接待人員已經將他開門不禮貌的事情傳達給了老闆。

「老闆，客人來了。」

「哦，他還蠻準時的，我馬上去，我準備準備，他是什麼樣的人呢？小張，談談你的第一印象。」

「老闆，很難說。看他衣冠楚楚，時間也準時，但他開門的聲音太大了，顯得粗暴、不太禮貌。」

「哦……」

老闆這樣「哦」了一聲，可能便決定了會談的失敗，輕者則影響會談的效果。這樣在未見面之前便讓別人對你帶著一種看法，給對方一個不好的印象。

在日常生活中，我們經常碰到這樣的人：他們或是儀表堂堂，或是漂亮異常，然而一舉手、一投足，便可現出其粗俗。這種人雖金玉其外，卻是敗絮其中，只能招致別人的厭惡。所以，要留下美好而深刻的印象，外在的美固然重要，而高雅的談吐、優雅的舉止等內在涵養的表現，則更為人們所喜愛。這就要求我們應當從舉手投足等日常行為方面有意識鍛煉自己，養成良好的站、坐、行姿態，做到舉止端莊、優雅得體、風度翩翩。

如果你想成為一個風姿卓越的人，姿態訓練必不可少。你可能要注意從平時細小的動作開始來要求自己。做一些訓練課程，訓練到完全變成自己的習慣，時間長了，個人的性情也會慢慢融合進去，美麗的姿態就完全屬於你了。

（一）站姿

正確的站立姿勢應該是：抬頭，挺胸，收腹，兩腿稍微分開，臉上帶有自信，也要有挺拔的感覺。

（1）背脊必須保持挺直，不可彎腰駝背。

（2）頭部要正，下顎微後縮，視線與眼睛同高。

（3）男士站立時，雙腿可斜微開，兩臂自然下垂，掌心向內，五指微彎曲成半握拳狀。

（4）女士站立時，兩腿宜靠攏，腳跟併攏，鞋尖微向外張開。如果站立休息時，可採取兩腳交叉法，即以一腳當支點，另一腳腳跟向內側斜交於後方，此姿勢不易疲勞且優美動人。

（二）坐姿

（1）坐下時，應慢慢坐，不可發出聲響。

（2）坐下時，上身要挺直，不可左右晃動。背部和椅背平行，雙手自然平放於雙腿上、或扶手上。

(3)雙腳與雙腿間之角度以垂直九十度為標準，尤其是女士採取此姿勢最美。

(4)男士坐姿雙腳自然平放，可稍微分開約十幾公分，但不宜張開太大。至於女士則以雙腿併攏，兩腳稍微下斜後方微縮，鞋尖需方向一致為佳。

(三)走姿

(1)走路時，雙肩要平穩，兩手自然擺動速度不疾不慢，絕對不可手插入口袋，或邊走邊吃東西。

(2)走路時，抬頭挺胸，以腰力行走，不可拖著沉重腳步或以八字腳行走。

(3)走路時，雙腿宜直，邁步前進，眼睛平視，不可東張西望，神色平和，放鬆心情。

(4)女士穿裙子時，走路宜成一直線，裙襬需與腳之動作相互配合，此姿勢才較優美。

(5)女士穿長褲時，步伐宜較著裙裝時稍微加大步幅，如此才顯得有活潑朝氣。

體態無時不存在於你的舉手投足之間，優雅的體態是人有教養、充滿自信的 完美表達。美好的體態，會使你看起來年輕很多，也會使你身上的衣服顯得更漂亮。善於用你的形體語言與別人交流，你定會受益匪淺。

剛開始培養體態習慣時，你可能會顯得有些刻意、不自然，但不必擔心，時間長了，你自然會越來越自然。個人優雅的姿態，不是為了別人，僅僅是自己要想好，而它最終將昇華你的生命品質。

表示禮貌的舉止當然不止這一些，這裡提及的只是其中比較常見的若干種。在社交場合，每一個人都應該有意識、恰當的運用這些禮貌舉止，既不要過於謙卑，也不要過於傲慢；做到舉止得當，禮貌周到，充分體現出你的教養和風度，這樣，就會留給人一個很好的印象。

談吐不凡，才能魅力十足

談吐是判斷一個陌生人的社會地位、生活、成長背景和可信度的最有效工具。談話的內容和技巧也是一把衡量人真實品格的尺。通常人們能從交談中了解你的思想脈絡和個人修養，不論你有多大的成就，你的財富有多少，你的教育有多高，你的言談有聲有色描述著你的故事，一筆一筆勾畫著你的形象。你所選用的語法、詞彙、語音、口音等等，在人們的意識中構成你的背景。

讓你的談吐不凡起來，這是一種受益終生的好習慣，這種習慣將為你贏得許多個人形象分。

大多數人都願意與談吐不凡的人交往，因為與熟練掌握說話藝術的人交談，簡直就是一種享受，娓娓道來的聲音就像音樂一樣，鑽進我們的耳朵，打動我們的心靈，或讓人精神振奮，或給人安慰。

無論在什麼場合，如果你能夠表達清晰、用詞簡潔，再加上抑揚頓挫、娓娓道來的語調，就能夠吸引聽眾、打動別人。這是你的祕密武器，可以在不經意中助你事業成功。如果你善於辭令，再加上周到的禮節、優雅的舉止，在任何場合，你都會暢通無阻、受到歡迎，人們都喜歡與這樣的人交往。

在非洲有個傳道的牧師，有一次他在為非洲熱帶的土著居民宣講《聖經》時人們都聚精會神聽著，當他念到「你們的罪惡雖然是深紅色，但也可以變成像雪一樣的白」這句話時，他一下子愣住了。這時牧師就想，這些常年生活在熱帶的土人，他們怎麼會知道雪是什麼樣子和什麼顏色呢？而他們經常食用的椰子肉倒是很白的。我何不用椰子肉來比喻呢？於是，機靈的牧師便將《聖經》改念為：「你們的罪惡雖然是深紅色的，但也可變成像椰子肉一樣的白。」

「雪白」雖然很形象，但「椰子肉的白」也很形象，而這位機靈的牧師只用了後者，卻把這段文字有效的傳給了土人，這就使他的語言產生戲劇性的效果。

在日常生活中，不管是偶爾才能派上用場的特殊技巧，還是隨時隨地都需要運用的能力，有哪一個的作用可以和語言能力相比嗎？人們願意窮其一生去學習科學、文學和其他各種知識，卻完全忽視了語言能力的訓練，這常常使他們顯得木訥呆板。在自己的專業領域有很高的造詣，在社交場合卻羞於開口，沉默不語，像一個無足輕重的人，還有比這更令人沮喪的嗎？看到那些才能不及自己十分之一的人，在公眾場合滔滔不絕，自己卻靜靜坐在旁，只能洗耳恭聽，心裡能平衡嗎？你們的區別在於，他平時注意培養自己的語言表達能力，他已經讓自己養成了一種良好表達的習慣，而你卻沒有這樣的習慣，甚至沒有這樣的意識。

從今天開始培養自己的談吐吧，這種培養是可以輕而易舉做到的。善於辭令者說話，不僅常用視覺和聽覺性語言，同時，他們也善於不失時機、恰到好處運用其他感覺形式的語言，即味覺、嗅覺和觸覺性語言。

形象性的語言聽眾容易理解接受，不管胸存什麼樣的雄心壯志，首先得掌握駕馭語言的能力，有讓人羨慕的好口才。你也許不能成為律師、醫生或商界精英，但你每天都要說話，也就必然要運用語言的獨特力量。在培養這方面的能力時，一個重要的途徑就是：花費一些時間和精力研究修辭，留心相同意思的不同表達，使自己的用詞更豐富、談吐更優雅。還要盡力增加自己的詞彙量，隨時查閱工具書，注重平時的積累。這本身也是一個自我教育的過程，對自己的成長很有幫助。如果你詞彙量少得可憐、思想貧乏、閱歷有限，是無法做到口才出眾、談吐優雅的。

渴望建功立業的年輕人，應該掌握談話的技巧、提高駕馭語言的能力，提高自我表達能力會使自己受益無窮，可以稱得上是一生的財富。

聚散憂喜皆握手，此時無聲勝有聲

握手禮是目前世界上許多國家通行的禮節，也是人們日常交際的基本禮節。俗話說道：「相逢點頭笑，握手問個好，笑容掛眉梢，心兒甜透了。」握手是社交活動中一個神祕的使者。對陌生的人，握手是結成友誼的橋梁；對遠方的來客，握手能表達深厚的感情；對愛戀的人，握手是心靈的交流；對危難的人，握手是信心和力量。

握手通常是你與他人的第一次身體接觸，而握手這個動作會給人一種什麼樣的觀感，跟以下幾個細節有很大的關係：

（1）握手的場合

應該握手的場合，至少有以下幾種：

①在你被介紹與人相識時。

②與友人久別重逢時。

③社交場合突遇熟人時。

④客人到來與送別時。

⑤拜託別人時。

⑥與客戶交易成功時。

⑦別人為自己提供幫助時。

⑧向人表示祝賀、感激、鼓勵時。

⑨勸慰友人時。

握手應本著「禮貌待人，自然得體」的原則，靈活掌握、運用握手禮的時機，以顯示自己的修養與對對方的尊重。握手雖然簡單，但握手動作的主動與被動、力量的大小、時間的長短、身體的姿勢、面部的表情及視線的方向等，往往表現握手人對對方的不同禮遇和態度，也能窺測對方的心理奧祕，因此握手是大有講究的。

（2）握手的方式

握手需要用右手，握手時要注視對方，千萬不要一面握手，一面斜視他處，或東張西望，這都是不尊重對方的表現。有時為了表示更多的敬意，握手時還要微微點頭鞠躬。握手時要上下微搖，不是一握不動。男士之間可以握得較緊較久，以表示熱烈，但要注意既不能握得太用力，使人感到疼痛，也不能顯得過於柔弱。對女士則只能輕握，也不宜握得太久不放，老朋友可以例外。

一般是站著握手，除因重病或其他原因不能站立者外，不要坐著與人握手。不過，如果兩人都是坐著，可以微驅前身握手。

人多時，注意不要交叉式握手，可待別人握完再握，每逢熱烈興奮的氣氛時有些人容易忽略這一點，要特別注意。到朋友家中，客人多，只需與主人及熟識的人握手，其餘的人只需點頭致意。但經過主人介紹的，就要逐一握手致意。

握手時要脫去手套，如因故來不及脫掉就握手，要向對方說明原因並表示歉意。不過據歐美傳統禮貌，穿大禮服、戴皮手套者，因不易脫下，按習慣可以不脫手套握手。另外，據西方傳統，地位高的人和婦女也可以戴手套握手。

用右手握手後，左手也加握，也可說用雙手握手，這是現代人常實行的禮節，以表示更加親切，更加尊重對方。但這種禮節，不必每次都用，男人對女賓則一般不用。

握手除是見面的一種禮節外，還是一種祝賀、感謝或相互鼓勵的表示。如對方取得某些成績與進步時，對方贈送禮品時以及發放獎品、獎狀、發表祝詞後等，均可以握手來表示祝賀、感謝、鼓勵等。

（3）握手的時間

握手的時間應長短適宜，一般以三至五秒為好。如初次見面，握手時間不宜過長。如果老朋友意外相見，握手時間可適當加長，以表示不期而遇的喜悅或真誠，甚至可以一邊握手一邊寒暄，但一般也不要超過二十秒為好。男士與女士握手，時間不宜過長，拉住女士的手不放是很不禮貌的。

（4）握手的力度

握手用力要均勻，尤其對女性，不能讓女性產生痛楚感。也不要軟綿無力，尤其是男性，握手如果無力，只輕輕碰一下，會被認為是毫無誠意或拒人於千里之外。對於女性而言，握手可以鬆軟些，不必太用力，而且，男人和女人握手，一般只輕握對方的手指部分。握姿要沉穩、熱情、真誠。所謂輕重適宜，就是指握手時的力度能傳遞自己的熱情但又不粗魯。

（5）與尊貴者握手

與尊貴者握手，如老人、長輩或貴賓握手，不僅是為了問候和致意，還是一種尊敬的表示。除雙方注視，面帶微笑外，還應注意以下幾點：

①出手先後。

在一般情況下，平輩、朋友或熟人先伸手為有禮，而對老人、長輩或貴賓時則應等對方先伸手，自己才可伸手去接握。否則，便會被看作是不禮貌的表現。

②握手姿勢。

握手時，不能昂首挺胸，身體可稍微前傾，以示尊重，但也不能因對方是貴賓就顯得膽小拘謹，只把手指輕輕碰對方的手掌就算握手，也不能因感到「榮幸」而久握對方的手不放。

③與老人或貴賓握手。

當老人或貴賓向你伸手時，應快步上前，用雙手握住對方的手，這也是尊敬對方的表示。並應根據場合，邊握手邊打招呼問候，如說：「您好」、「歡迎您」、「見到您很榮幸」等熱情致意的話。

④與多人握手。

遇到若干人在一起時，握手、致意的順序是：先貴賓、老人，後同事、晚輩，先女後男。還必須注意，不要幾個人競相交叉握手，或在跨門檻甚至隔著門檻時握手，這些做法也是失禮的行為。

⑤注意雙手衛生。

在社交中，除注意個人儀容整潔大方外，還應注意雙手的衛生，以不乾淨或者濕的手與人握手，是不禮貌的。如果老人、貴賓來到你面前，並主動伸出手來，而你此時正在洗東西、擦油汙之物等，你可先點頭致意，同時亮出雙手，簡單說明一下情況並表示歉意，以取得對方的諒解，同時趕緊洗好手，熱情予以招待。

重視公共場所禮儀，做一個有教養的人

公共場所，是指為社會大眾提供服務的地方。如公園、電影院、圖書館、商店、街道、馬路等。禮儀與社會公德的內容有較大重疊，這種重疊，在公共場所表現得尤為明顯。在公共場所，作為一個文明的、有教養的人，應十分重視公共場所禮儀。

(1) 衣裝得體，入鄉隨俗

公共場所的活動空間較為寬闊，不同的公共場所，又各具特點，比如去電影院、音樂廳，與去體育館或宴會、舞會，風格就完全迥異。因此，在不同的公共場所，應注意自己的衣裝是否得體。一般說，著裝應視場合、季節、對象的情況而定。即使天氣炎熱，也不應袒胸露背，赤身露體。公共場所有免費開放和收費服務的區別，如公園、圖書館與體育館、電影院就有區別。我們應入鄉隨俗，注意買票入內時，應文明購票，禮貌入場。

(2) 遵守公德，注意法紀

一般公共場所人比較多，遵守公德是每個人都應該自覺做到的。在大街上行走，人多擁擠時，應魚貫而行，三人以上同行，忌連臂橫排，阻擋他人通過，既影響交通秩序，也危及自身

安全。在公共場所排隊購物時，一忌擁擠起哄，二忌與排在自己前面的人身體貼靠得太近，在不得已被擠貼的情況下，更忌咳嗽、吸菸、晃動。排隊應按先來後到為序，插隊很失禮，幫助人插隊也是無禮的。若確有緊急情況或特殊理由，可禮貌求得排隊人的同意後，方可優先辦理。辦完後，還應再次向排在前面的人致謝，忌辦妥後即揚長而去。在公共場合，因違反有關規定，受到批評或處罰時，切忌強詞奪理，惡語傷人，應虛心認錯，誠懇接受。

（3）禮貌待人，尊老愛幼

在公共場所，人多，難免發生擁擠，應客氣請別人讓點路，不應憑體力一聲不響猛衝猛擠，強行碰撞。在公共場所遇到老人、孕婦、帶小孩的婦女、殘疾人等體弱不便的人，更應主動讓路、讓座，切忌利用他們的弱點，搶座、占道。如因不慎和別人相碰撞，應及時致歉，說句「對不起」、「請原諒」等文明用語，不可怒目相視，出言不遜，甚至大打出手。一般情況下，盡量避免擠到別人（特別是異性）身體上，如確實太擁擠，無法躲讓，也應誠心道歉，別人也會因你的禮貌而諒解。

（4）舉止大方，儀態優雅

公共場所是屬於大家的，不是個人宅所，所以，一切舉止行為，都應文明大方，忌言行粗俗，忌不停竊竊私語，也不宜大聲喧嘩。發現自己的座位已被他人坐著（可能是夫婦或戀人），要求換座時，要盡量照顧，不要以為自己有理，就以理壓人，粗暴拒絕，強行驅趕對方，讓對方處於被動難堪境地。

（5）公共場所，最好禁菸

當今世界限制在公共場所吸菸，已成風尚。一些先進國家和大城市都先後明文規定：在公共場所禁止吸菸。即使在無此規定的公共場所，最好也應注意克制，主動不吸或盡量少吸。吸菸時，更忌面對別人吞雲吐霧，菸灰、菸頭隨意亂扔。在公共場所，不管自己是否吸菸，最好不向別人敬菸。與人共處時，如有年長者、女士們在座，應先徵得他（她）們同意，方可吸菸，但也不能徵得一次同意後，便一支接一支、肆無忌憚抽個不停。

（6）注重公共衛生

公共場所由於人們往來穿梭，頻繁流動，所以公共環境的衛生要依靠大家來保持。在公共場所切忌隨處亂扔廢棄物和隨地吐痰；在電影院，忌吃有果皮、果殼類的食物；對有包裝的小食品，也應注意包裝物的處理，一般是集中包好，走出座位，扔進垃圾桶；在路上騎車行進時，不要扭身向旁邊隨口吐痰，這不但會造成路面不清潔，還可能會飛濺到後面騎車人的身上，而且自己的形象也不雅觀。

小名片，大「講究」

名片是一個人身分的象徵，如今這已在各個領域被廣泛使用，尤其是在商界中，名片的使用更是頻繁。而關於使用名片的禮節涉及到遞交、接受和交換三個環節，是每位商界人士都應注意的禮儀問題。

不少人常常把自己的名片放在口袋裡或錢包裡，這是不可取的。自己的名片應放在專用的名片盒中。他人的名片也應放入專用的名片簿中，這既表示對他人的尊重，又方便查找。

在適當時大方遞出一張名片，往往使人印象深刻。因此，我們應該知道何時遞出名片，何時採取主動；還應該知道，當某人採取主動時，我們應該優雅交換名片。

在日常交際中，經介紹與他人相識之後，如帶有名片，應立即取出，恭敬用雙手捧交給對方。切不可隨意放在桌上，讓對方自取。收取名片的一方，若有名片，要迅速遞上自己的名片；若沒有，則應說明並道歉。若是雙方均無深交之意，那麼相互點頭致意或握手為禮即可，不必交換名片。若是雙方早已熟悉或是經常見面，也可不必交換名片。

(1)遞名片講究「奉」

日常生活中，隨意用手指指人是極為無禮的行為，因為手指是尖銳之物，尖銳之物是會傷人的，同時用手指指人具有挑釁的意味，所以使人極度反感、警戒。

有一位推銷人員去拜訪公司總經理，遞名片時，用食指和中指夾著名片遞給對方，本來應遞到對方手中的，可他卻將名片放在桌上，以致那位經理大為不快，結果就可想而知了。

遞名片講究「奉」，即奉送之意，要表現謙誠、恭敬。下面介紹三種名片遞法：

①手指併攏，將名片放在手掌上，用大拇指夾住名片的左端，恭敬送到顧客胸前。名片的名字反向對己，正向顧客，使顧客接到名片時就可以正讀，不必翻轉過來。

②食指彎曲與大拇指夾住名片遞上。同樣名字反向對己。

雙手食指和大拇指分別夾住名片左右兩端奉上。

以上三種遞法都避免了「尖銳的指尖」指著顧客的禁忌，其中尤以第三種最為恭敬。

也許你認為這是區區小節，不足掛齒。那麼別忘了，有時候對名片處理不當，就會使推銷工作馬失前蹄。

推銷人員每天都要遞上好幾次名片，希望那些想成為推銷高手的人千萬別不拘這個「小節」。

(2)接名片講究「恭」

有些人在定做的襯衫上繡上自己的英文縮寫名字，也有些人戴鑲有名字縮寫的項鍊，這並不是怕和別人的東西混淆，或者怕失竊，而是表示對自己名字的重視，很多人終身拚搏就是想成功出名。名字是人的第二生命，是生命的延長，侮辱了一個人的名字等於侮辱了本人。

名片正是名字的具體載體，它代表一個人的身分。推銷人員在工作中常常要接受名片，接受方式是否恰當，將會影響你給顧客的第一印象，因此必須懂得如何禮貌接受名片。總而言之，接受名片講究一個「恭」字，即恭恭敬敬，具體有六種接受方式可供參考：

①空手的時候必須以雙手接受。

②接受後要馬上過目，不可隨便瞟一眼或有怠慢的表示。

③初次見面，一次同時接受幾張名片，千萬要記住哪張名片是哪位先生或小姐的，如果是在會議席上，休息時不妨拿出來擺在桌上，排列次序，和對方座位一致。這種舉動同樣不會失禮，反而會使對方認為受到你的重視。

④把對方的名片放在桌上，聊得高興起來把東西隨便壓在名片上的大有人在，殊不知這等於是把對方的臉壓在屁股下面一樣，會使對方感到受了侮辱，因此一定要小心謹慎。

⑤假如你很想得到對方的名片，對方卻忘記給你，這種情形經常出現。如果就此畏縮：「他是不是不願意給我名片？」這不是推銷人員應有的想法。內向、被動，對推銷人員來說是不可取的，你可以向他請求。「真冒昧，如果方便的話可否給我一張名片。」這樣做會提高對方的身分，沒有什麼不恰當的。

名片是對方人格的象徵，尊敬對方的名片也就等於尊重對方的人格，當對方感受到你對他的尊重時，必然會增加對你的好感。因此，接受名片時是否有禮貌，直接影響你的業績，切不可等閒視之。

陽光般的笑容，是最美的

心理學家發現，笑和興奮的情緒一樣能刺激大腦的快速思維，啟用還未被使用的腦區，因而有助於開拓思路和自由聯想。笑還能提高人的記憶力，因為人的記憶力隨心理狀態而波動，愉快的心理，容易讓你記住很多事。研究證明，一分鐘的笑能產生四十五分鐘的放鬆作用。生活在幸福中的人最大的特色就是他們總是那麼輕鬆、愉悅，他們總是笑容滿面。

更重要的是，笑能讓頭腦清醒而且心胸寬闊，認識、包納複雜的局面和人際關係。笑也影響著情緒的狀態，在做計畫或決策時，只要人的心情好，態度也會積極樂觀，因而做出的決定也充滿希望。

陽光般的笑容不僅能治癒自己的不良情緒，還能為你的形象加分。如果你真誠向一個人展顏微笑，他實在無法再對你生氣。在大多數情況下，具有陽光般笑容的人，也往往具有較強的親和力。

有太多人已經忘掉如何開懷大笑，歡笑是童年生活的一部分，但他們已經記不起來了。

為什麼孩童有著歡笑的習慣而我們成年人沒有呢？成年人的需求比小嬰兒複雜得多。當一個成年人需要某樣東西時，他必須更有耐心，更努力去爭取，然後可能因為妥協或失敗而無法得到他真正希望的東西。成年人的生活通常是很現實的，而且經常令人感到失望。

然而歡笑能使世界充滿快樂，當你習慣每天笑口常開時，你的心情自然充滿陽光。我們都會在某些時候感到高興，這時我們應該盡量利用並且與他人共享，同時賦予它一份精神與完美，使它能夠更為持久。學著再度歡笑吧，使自己像個快樂的嬰兒一樣單純。

有時候，當你對某件失敗的事情感到沮喪時，不妨想想過去的成就，以及發生在別人身上的一些有趣的事，再把頭往後仰起，然後哈哈大笑，把你的全部感情投入笑聲中，或許你會覺得好過些。

大部分人都知道笑能給自己很實際的推動力，它是醫治信心不足的良藥。但是仍有許多人不相信這一套，因為在他們恐懼時，從不試著笑一下。

我們常聽到：「是的，但是當我害怕或憤怒時，就是不想笑。」當然，這時，任何人都笑不出來。竅門就在於你強迫自己說：「我要開始笑了。」然後，笑。剛開始，笑的習慣是強迫自己的，當這種習慣形成自然的時候，你會被自己感染。

培養你的快樂習慣，讓一個完美的笑容時常掛在你的臉上吧，微笑和大笑可以治癒自己和別人的不良情緒，經常微笑和大笑的人往往都是充滿自信的人。

恰當稱呼他人，人際交往更順暢

稱呼，是溝通人際關係的訊號和橋梁，也是表情達意的重要手段。結識新朋友，路遇老朋友，一見面就稱呼對方，這既是對對方的尊重，又是自己知書達理的體現。據有關心理專家說，人們對別人怎樣稱呼自己特別看重；同時，由於各國各民族民俗不同，語言各異，社會制度也不一，因而稱呼上的差別也較大。朋友相見，尤其是與陌生人相見，就不得不講究應該如何稱呼了。如果稱呼錯了，將會鬧出笑話，造成誤會，使對方不高興甚至反感。而恰當的稱呼則會讓對方感覺到你的尊重，它有如妙音入耳，使對方備感溫馨，而使雙方產生心理相容，使感情更加融洽，使交流更加順暢。

人際交往中，稱呼每天都會用到，掌握它是你在人際關係中應付自如的前提。

(1) 稱呼的原則

稱呼是當面招呼用的表示彼此關係的名稱，稱呼語是交際語言中的先鋒。一聲親切而得體的稱呼，不僅能體現一個人謙恭有禮的內涵，而且能使對方如沐春風，易於交融雙方的情感，為深層交際打下基礎。

社會是一個大舞台，每個社會成員都在社會大舞台上充當特定的社會角色，而稱呼最能準確反映人際關係的親疏遠近和尊卑上下，具有鮮明的褒貶性。親屬之間，按彼此的關係都有固定稱呼自不待說。在社會交際中，人際稱呼的格調則有雅俗高下之分，它不僅反映人的身分、地位、職業和婚姻狀況，而且反映對對方的態度及其親疏關係，不同的稱呼內容可以使人產生不同的情態。如同是對老年人，就可稱老先生、老伯；切不可稱「老頭子」、「老傢伙」等。很顯然，前者是褒稱，帶有尊敬對方的感情色彩；而後者則是貶稱，帶有蔑視對方的厭惡情緒。在交際開始時，只有使用高格調的稱呼，才會使交際對象產生和你交往的欲望。因此，使用稱呼語時要遵循如下三個原則：

①禮貌原則

這是人際稱呼的基本原則之一。每個人都希望被他人尊重，而合乎禮節的稱呼，正是表達對他人尊重和表現自己有禮貌修養的一種方式。在社交接觸中，稱呼對方要用尊稱。常用的尊稱有：「您」——您好，請您……；「貴」——貴姓、貴公司、貴方、貴校；「大」——大作；「賢」——賢弟、賢媳、賢侄等；「高」——高壽、高見、高明，「尊」——尊客、尊言、尊意、尊口、尊夫人。

②尊崇原則

一般來說，如對同齡人，可稱呼對方為哥、姐；對既可稱「爺爺」又可稱「伯伯」的長者，以稱「爺爺」為宜；對副科長、副處長、副廠長等，也直接以正職相稱。

適度原則

對理髮師、廚師、企業工人稱師父恰如其分，但對醫生、教師、軍人、商務工作者稱師父就不合適了，要視交際對象、場合、雙方關係等選擇恰當的稱呼。在與眾多人打招呼時，還要注意親疏遠近和主次關係。一般以先長後幼、先高後低、先親後疏為宜。

（2）稱呼的方式

稱呼的方式有多種：其一，稱姓名。如「張三」、「李四」、「王娟」等，稱姓名一般適用於年齡、職務相仿，或是同學、好友之間。否則，就應將姓名、職務、職業等並稱才合適，如：「張三老師」、「李四處長」、「王娟小姐」等。其二，稱職務。加「王經理」、「汪局長」等。其三，稱職業。如「老師」、「空姐」、「列車員」、「醫生」、「律師」、「收銀員」等。其四，稱職銜。如工程師、教授、上尉等。其五，擬親稱。如「唐爺爺」、「汪叔叔」、「胡阿姨」等。其六，稱「先生」、「夫人」、「太太」、「小姐」等，這是最普遍、最常用的稱呼。

一般在正式場合的稱呼應注重身分、職務、職稱、職銜；非正式場合可以輩分、姓名等稱呼。在涉外活動中，按照國際通行的稱呼慣例，對成年男子稱先生，對已婚女子稱夫人、太太，對未婚女子稱小姐，對年長但不明婚姻況狀的女子或職業女性稱女士。這些稱呼均可冠以姓名、職稱、職銜等。如「布萊克先生」、「上校先生」、「護士小姐」、「懷特夫人」等。

君主制國家，按習慣稱國王、皇后為「陛下」，稱王子、公主、親王為「殿下」。其他有爵位的人，可以其爵位相稱，也可稱「閣下」或「先生」。對有學位、軍銜、技術職稱的人士，可以稱他們的頭銜，如某某教授、某某博士、某某將軍、某某工程師等。

在美國，人們常把直呼其名，視為親切的表示，只是對長者、有身分地位的人例外。

第三個行為習慣　提升捕捉機會的習慣

成大事者的成功之處，就在於他能隨時抓住時代的脈搏，把握人生的機遇，因而「機遇」常伴他身邊；平庸者，其失敗之因，就是對之視而不見，聽而不聞，並時常暗問自己：「機遇在哪裡？」

發現機會、把握機會，機會無處不在、無時不在，關鍵在於我們怎麼去發掘它們。所以，我們要養成捕捉機會的習慣。

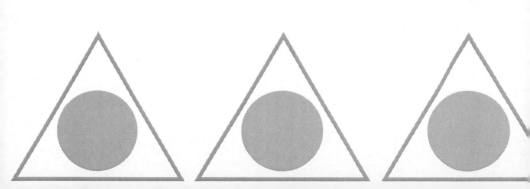

任何機遇的到來，都有前因後果

機遇的降臨，也許令很多人感到不可思議，以致很多人認為它是命運的意志。但是，只要我們仔細思考一番，就會發現，任何機遇的到來，都有其前因後果。蜘蛛為了捕獲獵物，總善於先織好網，等待獵物到來。這是把成功的機會掌握在自己的身上，這就是「蜘蛛精神」。

愛因斯坦曾說過：「機遇只偏愛有準備的頭腦」，這便是主觀條件。這裡的「準備」主要有兩方面：一是知識的積累，沒有廣泛而博深的知識，要發現和捕捉機遇是不可能的；二是思維方法的準備，只具備知識而沒有現代思維方式，就看不到機遇，只好任憑它默默從你身邊溜走。

一位老教授退休後，拜訪偏遠山區的學校，傳授教學經驗與當地老師分享。由於老教授的愛心及和藹可親，使得他到處受到老師及學生的歡迎。

有一次，當他結束在山區某學校的拜訪行程，而欲趕赴他處時，許多學生依依不捨，老教授也不免為之所動，當下答應學生，下次再來時，只要誰能將自己的課桌椅收拾整潔，老教授將送給他一件神祕禮物。

在老教授離去後，每到星期三早上，所有學生一定將自己的桌面收拾乾淨，因為星期三是每個月教授例行前來拜訪的日子，只是不確定教授會在哪一個星期三到來。

其中有一個學生的想法和其他同學不一樣，他一心想得到教授的禮物留作紀念，生怕教授會臨時在星期三以外的日子突然帶著神祕禮物到來，於是他每天早上，都將自己的桌椅收拾整齊。

但往往上午收拾妥當的桌面，到了下午又是一片凌亂，這個學生又擔心教授會在下午到來，於是在下午又收拾了一次。想想又覺不安，如果教授在一個小時後出現在教室，仍會看到他的桌面凌亂不堪，便決定每個小時收拾一次。

到最後，他想到，若是教授隨時會到來，仍有可能看到他的桌面不整潔，終於小學生想清楚了，他必須時刻保持自己桌面的整潔，隨時歡迎教授的光臨。老教授雖然並未帶著神祕禮物出現，但這個小學生已經得到了另一份奇特的禮物。

假如我們希望獲得成功，就要為它創造條件。許多人終其一生，都在等待一個足以令他神往的機會，而事實上，機會無處不在。關鍵在於，我們應該時刻保持心靈桌面的整齊，為把握機遇做好準備。

機遇往往只青睞勤奮和愛動腦的人，從來就沒有不付出心血和汗水就輕而易舉獲得成功的，機遇不會無緣無故到來，就像你不能無緣無故吃到麵包一樣。

可見，機遇屬於有準備的人，而只有在有準備的人那裡，機遇才成其為機遇。俗話說「一分耕耘，一分收穫」，如果我們想體驗收穫的驚喜，那麼不要徒羨別人的運氣，想得到什麼，現在就開始為將來的收穫播種吧！常言說：「與其臨淵羨魚，不如退而結網。」播種機會就像蜘蛛布下八卦陣般的蛛網一樣，捕捉飛來的獵物將指日可待。

只要用心，處處有機會

機遇是一個美麗而性情古怪的天使，來到我們身邊的時候總是悄然來臨，以致我們有時可能並未覺察到。因此，若稍不留心，它就將翩然而去，不管我們怎樣扼腕嘆息，它卻從此杳無音訊，一去不再復返。

美國一位大學畢業生奧斯卡發明了一種勘探石油的新式儀器，並用它來為一個公司在西部沙漠地區勘探石油。幾個月後，他所在的公司破產了。奧斯卡被迫踏上歸途，來到美國中南部的奧克拉荷馬州的首府奧克拉荷馬市的火車站。

他失業了，一股消極的心態把他緊緊籠罩著。由於他必須在火車站等待幾個小時，為了排解心頭的煩悶，他在火車站上架起他的新式探油器用以消磨時間。儀器上的指標清楚表明該火車站地下蘊藏著豐富的石油，但被失望折磨著的奧斯卡不相信這一切，他一怒之下踢毀了那些儀器。「這裡不可能有那麼多石油！不可能！絕不可能！」他十分厭惡的喊著。

然而不久，人們就發現奧克拉荷馬城地下埋有石油，甚至可以毫不誇張的說：這座城市就浮在石油之上。可是，這個發現者卻不是奧斯卡。

奧斯卡痛失良機的故事告訴人們：很多人忽視身邊的機遇，總以為機遇遠在他方。因此，常常會捨近求遠，到別處去尋找自己身邊存在的東西，而機遇往往就在他的身邊，只不過他沒有發現或者沒有重視罷了。

捕捉機遇一定要處處留心，獨具慧眼。其實只要我們仔細留心身邊的每一件小事，每一件小事當中都可能蘊藏著相當的機會。一個想有所作為的人絕不會放過每一件小事，他們對什麼事情都極其敏感，能夠從許多平凡的生活事件中發現成功的機遇。

有一次，日本索尼公司名譽董事長到理髮店理髮。他一邊理髮一邊看電視，由於他躺在理髮椅上，所以他看到的電視圖像只能是反的。就在這時，他突然靈機一動。心想：「如果能製造出反畫面的電視機，那麼即使躺著也能從鏡子裡看到正常畫面的電視節目。」有了這些想法，他回到索尼公司之後就組織力量研製和生產了反畫面的電視機，並把自己研製出來的電視機投放到市場上去銷售。果然這種電視機受到了理髮店、醫院等許多特殊用戶的普遍歡迎，因而取得了成功。

處處留心皆機遇，要做生活當中的有心人是因為機會往往來得都很突然或者很偶然。因此，只有留心、用心的人，才有可能在機會來臨的一瞬間捕捉到它。

抓住機遇，利用機遇

機遇降臨時，很多人容易過度高興，以為成功就在手中。其實，機遇不是成功的必然因素，抓住機遇才可能成功。

熟悉皮爾．卡登經歷的人都知道，他是一個白手起家的成功典範。他的成功除了靠他在這方面的天賦之外，還靠勤奮、機遇和勇氣。

皮爾．卡登由於家境貧困，讀了幾年的書就輟學了。為了生活，他到處工作，辛勤的工作和強烈的自信心，使皮爾．卡登不斷拜師學藝，與同行互相學習，短短的幾年工夫，卡登已經是有一定技術實力的裁縫師了。但是，他缺乏的是名氣。卡登到處尋找各種機遇，希望能使自己有一個轉機。

這一天終於來了。一九四五年五月的一天晚上，他獨自在一個小酒店裡飲悶酒，當他要第三杯時，酒店裡有一位老伯爵夫人向他走來。這位老夫人原籍巴黎，家道中落後遷至此處，這位老夫人見眼前的年輕小夥子無精打采的樣子，便主動上前和他交淡。卡登此時正心煩，有這麼一位毫不相干的老婦人交談，也樂得吐愁腸，就把前前後後的事講給她聽。

原來這位夫人是衝著卡登穿著的這套衣服來的，一問才知，這套衣服是卡登親手設計、裁剪並製做的。當她得知這個情況後，情不自禁脫口而出：「孩子，你會成為百萬富翁的，這是命運的安排。」原來，這位老夫人年輕時常出入巴黎上流社會，結識了許多服裝設計大師和著名的時裝店老闆，巴黎帕坎女式時裝店經理就是她年輕時的密友。於是，老夫人便把帕坎女式時裝店經理的姓名和住址告訴了卡登。臨別時，她拍著卡登的肩膀笑著說：「苦惱什麼，年輕人？在巴黎的戰爭早就結束了，你難道還不知道嗎？」

老夫人這個驚人的消息，以及當時聽起來可笑的預言，竟然激起了卡登埋藏已久的希望之火，帕坎時裝店經理的名字和住址，简直就是一次從天而降的機遇。他暗暗發誓，振作精神，走向成功。

帕坎女式時裝店是巴黎一家著名時裝店，這家店時常為巴黎的一些大劇院縫製戲裝，店老闆得知伯爵夫人介紹一位年輕人來求職，便親自接待了卡登，使老闆驚異的是，卡登的裁縫手藝以及設計才能遠遠超出了他的想像。老闆便毫不猶豫雇用了卡登。在這裡，卡登潛心於自己心愛的事業，刻苦鑽研，拜師結友，可以說是如魚得水。不長時間，卡登就獲得了巨大的成功，名門巨賈中開始流傳著一個年輕人的名字——皮爾．卡登。

不久，卡登的兩位好友鼓勵他開設自己的時裝公司。一九五〇年，卡登傾其所有，在巴黎開了第一家戲劇服裝公司，這是卡登大顯身手的地方，也是卡登帝國崛起的搖籃。

卡登決意自己獨立經營時裝，並以自己名字的第一個字母「p」作為牌子亮出去。在人才濟濟的巴黎，沒有名氣的卡登，雖然製做了以自己名字為招牌、款式十分新穎的時裝，但「p」字牌子還是無人問津，生意清淡。但是，卡登並沒有因此而氣餒，他決心在精心設計上努力。

經過卡登的不懈努力，「p」字牌服裝終於有了轉機，贏得了以挑剔著稱的巴黎顧客的喜愛。過去，人們瞧不起成衣，可是，卡登的創造性設計逐步改變了人們的觀念。

從一九六〇年代起，卡登在創作上不斷求新，探索進取，他設計的p字牌服裝，走出法國，在世界深得人們喜愛，並享有一定聲譽。卡登本人也為此三次榮獲法國時裝「奧斯卡」設計獎——金頂針獎，這是時裝設計的最高獎，卡登成為了世人矚目的設計巨星，法國時裝界的王中之王。

每個人成功的具體方式不盡相同，但每個人成功的道理卻是一樣的，那就是他們都明白機遇的重要性，並且都在孜孜不倦尋求著機遇，利用著機遇，無論順境還是逆境。

機會總是平等出現在每個人的面前的。當機會出現在你面前時，如果你能牢牢把握住，你就會將它變成自己人生發展的條件，使自己的人生出現轉機。

挫折只是命運的附帶品，絕不能決定命運

挫折人人都會遇到。挫折只是命運的附帶品，它絕不能決定命運，可是同樣的挫折在不同的人身上會有不同的結果，對於甘願平庸的人來說，挫折只需一擊便可打倒這種人；而對於有雄心成大事的人來說，挫折只會激起他更大的鬥志。他會檢討失敗的原因，然後重新上路。

《塔木德》中有一則商人使用智慧的寓言：

有一個商人來到市鎮，他知道幾天之後有特別便宜的商品出售，就留在那裡等降價的日子來臨。但是，他帶著許多現金，放在身邊很不安全。

於是，他悄悄來到一個無人的地方，挖了一個洞，把錢都埋藏在地下。可是，第二天回到原地一看，錢卻不見了。他再三回憶，當時確實沒有人看到自己埋錢，為什麼會不見呢？他百思不得其解。

他無意中一抬頭，發現遠處有一間房子，房子的牆上有個洞，正對著他埋錢的地方。他想到，也許住在這間房子裡的人，從牆洞中看到自己埋錢的情形，然後挖走錢的。他來到房前，有個男人在裡面，他客氣問道：「你住在都市，頭腦一定很好。現在我想請教你一件事情，我是特地來本鎮辦貨的，帶了兩個錢包，一個放了五百個銀幣，另一個是八百。我已把小錢包悄悄埋在沒人知道的地方，但這個大錢包是埋起來比較安全呢，還是交給能夠信任的人保管比較

安全?」

房子的主人回答說:「要是我處在你的位置的話，什麼人我都不信任。也許我會把大錢包埋在小錢包的地方。」

這個貪心不足的人看到商人一離開，便把挖來的錢包放回原來的地方。商人回頭立刻挖起錢包，完整無缺找回了自己的錢幣。

商人第一次丟失了錢包，可以說是遇到了一次挫折，但是，他就是利用了這次挫折重新找回了錢包。這可以說是一個「利用挫折」的好例子。

成功的道路上充滿挫折和機遇，每一次挫折都孕育著希望，機遇不因挫折而失色，在奮鬥中尋找機遇，在奮鬥中向成功進一步靠攏。

在人生的道路上，一種謬誤，一次挫折，往往會把自己推到進退維谷的境地，有時甚至會改變整個人生道路。其實，挫折往往是個戲劇性的環節，它很有可能變成人生的轉機。有許多人因「倒楣」交上好運，或創業，或發財，或有所建樹，其前提就是:善待挫折，巧尋轉機。

機會其實敲打過每個人的門，當機會在門外的時候，你是否及時打開大門迎接它的到來?當機會呈現在眼前時，若能牢牢掌握，十之八九都可以獲得成功;而能克服偶發事件，並且替自己找尋機會的人，更可以百分之百獲得勝利;沒把握機會的人，則沒有權利怨天尤人。

善於把握機會，利用機遇創造成功

其實，機遇的產生也有其內在規律，如果我們有足夠的勇氣、睿智的腦袋、敏銳的觀察力、判斷力，機遇也可以被「創造」出來。

在一個偏僻的山區裡，有一個小山村因山路崎嶇，幾乎與世隔絕，幾十戶人家僅靠少量貧瘠的山地過日子，十分落後，生活極為貧苦，村人一直無計可施。

一天，村裡來了一位精明的商人，他立即感到這種落後的本身就是一種可貴的商業資源，便向村裡的長者獻了一條致富計策。於是，長者馬上召集全村人，對村民們說：「如今都是什麼年代了，我們村子的人還過著和原始人差不多的生活，我們深感內疚和痛心！不過，都市裡的人過著現代化生活的時間長了，一定會感覺乏味。我們不妨走回頭路，乾脆過原始人的生活，利用我們的『落後』，定會招來許多城市人。我們也可以藉此機會做生意賺錢。」這一計謀博得全村人喝彩。從此，村人開始模仿原始人的生活方式，在樹上搭房、披獸皮、穿樹葉編織的衣服。

不久，那位商人便向新聞界透露了他發現這個「原始人」小部落的祕密，立即引起了社會各界的轟動。從此，成千上萬的人慕名而至，參觀者絡繹不絕，眾多的遊客為部落帶來了可觀的財富。有經營頭腦的人來了，他們來這裡修公路、造旅館、開商店，將這裡開闢為景點。小山村的人趁此機會做各種生意，終於富裕起來了。

沒有人不想成為機會的寵兒，機會並非垂青每一個人。在前進中，只有眼觀六路，耳聽八方，才能占據最有利的競爭制高點，幫助我們通向成功之路。

機會不是等來的，在很多時候還得靠自己去發現，去挖掘，甚至還得靠自己去創造，並且創造機會比等待機會更為重要。因為現成的機會畢竟不多，等待機會顯得過於被動，而創造機會卻能充分發揮自己的主觀能動性，把握甚至改變事情的發展趨勢。

不入虎穴，焉得虎子

風險孕育著機會，敢於冒險就意味著成功的可能。

歌德年輕時希望成為一個世界聞名的畫家，為此他一直沉溺於那變幻無窮的畫技而難以自拔。四十歲那年，歌德遊歷義大利，看到了真正的造型藝術傑作後，他終於恍然大悟過來：放棄繪畫，轉攻文學。雖然他知道自己這樣做是一種冒險，但他認為自己已無退路。經過不斷的學習和摸索，歌德日後成為一名偉大的文學家。

縱觀古今中外名人的成才史，大多數人都有過冒險的經歷，但他們比常人高明的地方在於：他們不怕冒險，能及時調整自己的方向。

從冒險到成功需要一個過程，甚至是一個付出了艱辛代價的探索過程。歌德曾感慨道：「要發現自己多不容易，我差不多花了半生光陰。」他又說：「這需要很大的神智清醒，它只有透過歡喜和苦痛，才學會什麼應該追求和什麼應該避免。」

機會只屬於能夠積極發掘機會並敢於冒風險的人。「不入虎穴，焉得虎子」。如果風險小，許多人都會爭先恐後追求這種機會；如果風險大，許多人就會望而卻步，甚至連想都不敢想，這是少數敢於冒風險者獲得最大利益的好時機。所以，也可以說，時機就是對人們所承擔風險的相應補償。

當然冒險不等於莽撞，冒險需有謹慎的態度。有了謹慎的態度，摔的跤肯定會少一些。當然，在複雜多變的現代社會，更多的人過分謹慎，他們不敢去做前人未做過的事情，不敢去攀登前人未曾攀登過的高峰，當然就無從體驗冒險的刺激與成功的喜悅，結果只能是永遠也不會有什麼作為。

保羅．蓋提是石油界的億萬富翁、一位運氣好的人，但早期他走的卻是一條曲折的路。他上學的時候認為自己應該當一位作家，後來又決定要從事外交部門的工作。可是，出了校門之後，他發現自己被迅猛發展的石油業所吸引，那時他的父親也是在這方面發財致富的。石油業偏離了他的主攻方向，但他想試試自己的運氣。

蓋提透過在其他開井人的鑽塔周圍工作籌集了些錢，有時也偶然從父親那裡借些錢（他的父親嚴守禁止溺愛兒子的原則，他可以借給兒子錢，但卻從不白送錢給兒子）。年輕的蓋提是有勇氣的，但卻從不魯莽。他前幾次冒險都失敗了，但是在一九一六年，他碰上了第一口高產油井，這個油井為他打下了幸運的基礎，那時他才二十三歲。

是運氣好嗎？當然。然而蓋提的運氣是應得的，他做的每一件事都沒有錯。那麼，蓋提怎麼會知道這口井會產油呢？他確實不知道，儘管他已經收集了他所能得到的所有資料。

「機會總是存在的。」他說，「你必須相信這種機會的存在。如果你一定要求有肯定的答案，那你就會捆住自己的手腳。」

運氣好的人一般都是大膽的，幸運可能會使人產生勇氣，反過來勇氣也會幫助你得到好運。

平時積蓄實力，看中機會果斷出擊

一個善於抓機遇的人，總是善於等待，但等待並不等於落後，就猶如參加馬拉松長跑一樣，起步早的不一定能最終獲得冠軍。

一九五〇年，豐田公司因破產危機，工業公司和銷售公司發生分離。但是，不久爆發的韓戰卻帶來了喜訊，美軍大量的卡車訂單使豐田汽車公司起死回生。這對於親身體驗了產銷分離痛苦的豐田英二來說，自然希望回到以前產銷一體的體制。

但是事情並非那麼簡單，工業公司和銷售公司分離的體制已經形成，當時負責技術部門的董事豐田英二，深知即使他提出重新合併的建議，在當時也是行不通的。

豐田英二在確定豐田的未來發展方向時，決斷很慢，這是因為他在深思熟慮考察各種條件的同時，還要衡量各方面的利益是否均衡。他認為條件不成熟，即使勉強行事也是要失敗的，他只有耐心等待時機的到來。

直到一九八〇年代初，豐田的兩家公司才終於結束了長達三十二年的產銷分離，誕生了全新的豐田公司，豐田英二的等待終於有了豐碩的成果。

在處理豐田赴美建廠一事上，豐田英二也同樣小心謹慎，耐心等待時機的成熟。

豐田進軍美國，在日本汽車廠商中，是繼本田、日產之後的第三家，為此不少人抱怨為時太晚。會長豐田英二和社長豐田章一郎的回答是：「我們在等待時機，我們行動並沒有落後。」由於採取了謹慎的戰術，豐田公司終於順利打入了美國汽車市場。

一個想成就一番事業的人，在成功道路上千萬不能浮躁。三十歲以後的人，最需要沉著冷靜、安逸靜觀來捕捉最佳的機遇。

要想捕捉機遇，就必須擦亮自己的眼睛

機遇總是眷顧那些有心人，而在那些無意留心的人身邊匆匆溜走。一些人之所以不能成功，並不是因為沒有機遇、並不是得不到命運之神的垂青，而是因為他們太大意了。他們的大意使他們的眼睛渾濁而呆滯，因而機遇一次一次從他們的眼前溜走而自己卻渾然不覺。

對於某些想要成功的人來說，要想捕捉機遇，就必須擦亮自己的眼睛，只有這樣，我們才能夠在機遇到來的時候伸出自己的雙手，從而捕捉到成功的機遇。

在美國，有個年輕人由於長期受到老闆的戲謔、同事的嘲諷，情緒一度低落、壓抑，到了最後竟然得了憂鬱症，為此，他不得不去看心理醫生。

醫生給了他一個奇怪的建議，他說：「如果你想發洩心中的怒火，我們會給你提供一項特殊的服務，你只需要二十美元就可以獲得一次發洩的機會。我們可以玩一個『報復者』遊戲，你可以隨便打我身上的有效部位，直到你認為滿意了為止。」

這個年輕人覺得很奇怪，但是也覺得很有趣，雖然他沒有去打這個醫生發洩，但這不禁給了他某種靈感。他想原來打人、甚至發洩也可以賺到錢，於是他就找了做玩具的朋友說了自己的主意：是否可以做一種讓人們發洩的玩具？讓那些平日裡在現實生活中受到各種難以忍受的壓力、想發洩而又不能直截了當發洩的人得到滿足。

這個主意得到了朋友的讚許，於是兩個人合力研究出了一種「報復者」玩具，玩具一上市，果然受到不少人的青睞，銷售得特別好。他們又開設了一家專門供人們洩憤的「發洩中心」，裡面擺放著各式各樣供人們打、翻滾、怒吼的假想對手，只要你關上門任由發洩，直至筋疲力盡、悶氣洩盡為止，生意十分興隆。

一次偶然的看病機會，給了這個年輕人無限的靈感，撥動了他敏銳的觸覺。因為他知道，像他這樣的每天都在緊張繁重的生活中度過的人很多，他們需要放鬆自己，需要讓自己成為主角，而不是每天都在壓力中度過。

有些人天生就有一種敏銳的觸覺，與生俱來有一種觀察的興趣和能力，他們把觀察當作一種隨心所欲的事情來看待。只要我們有心做一個具有敏銳觸覺的人，只要我們在後天的實踐活動中不斷培養，也一樣可以形成這種敏感度，擁有了敏銳的觸覺，我們創業的步伐就會加快，我們離成功致富的彼岸就會更近。

軟弱的人、懶惰的人和猶豫不決的人總是藉口說沒有機會、沒有時間。對於有心人而言，每一個他們遇到的人，每一天生活的場景都是一次機會，都會在他們的知識寶庫裡增添一些有用的知識，都會為他們的個人能力注入新的能量。有一句格言說得好：「幸運之神會光顧世界上的每一個人。但如果祂發現這個人並沒有準備好要迎接祂時，祂就會從大門裡走進來，然後從窗子裡飛出去。」

那些富有理解力的眼光能穿透事物的現象，深入到事物的內在結構和本質之中，看到差別，比較並抓住潛藏在表象後面更深刻、更本質的東西。

有個叫愛德華的年輕人正幫著父親做木屑生意，這時，有一位鄰居跑進來，想向他們要一些木屑。因為她貓房裡的沙凍住了，她想換一些木屑鋪上去。當時，年輕人就從一個舊箱子裡拿出一袋風乾了的黏土顆粒，建議對方試試這東西，因為這種材料的吸附能力特別強，當年他父親賣木屑的時候，就是採用這種材料清除油漬的。這樣一來，那位鄰居的燃眉之急就解除了。幾天以後，這位鄰居又來了，她想再要一些這樣的黏土顆粒。這時，年輕人靈光閃動，突然意識到自己的機會來了！他馬上弄了一些黏土顆粒，分開裝在袋子裡，總共裝了二十袋，他把自己的新產品命名為「貓房鋪」，打算以每份十五元的價格賣出去。但是，大家都笑他，因為一般鋪貓房用的沙子才八元一袋！但出人意料的是，他的二十份「新土」不到兩天就賣完了。後來，當這些用戶再次找上門來，指名道姓要買「貓房鋪」的時候，一筆生意、一種品牌、一種使命，就這樣創始了。

採用黏土顆粒作為「貓房鋪」，反倒促使這種小動物變成更受人歡迎的寵物。同時，年輕的愛德華也因此而變得富有了。

這個發明絕對不可能由那些漫不經心的觀察家或無所用心的人創造出來。有些人走上成功之路，的確歸功於「偶然的機遇」，然而就他們本身來說，他們確實具備了獲得成功機遇的才能。如果你想成功，不妨隨時思考如何把一時的「靈感」轉變為自己的機會。

生活中並不是缺少財富，而是真正缺少發現的眼光，這樣的道理同樣也存在創業的每一個階段。只要我們是一個善於捕捉機遇的人，哪怕在喝茶的時候，我們也一樣可以發現財富和金子。

第四個行為習慣　保持刻苦勤奮的習慣

如果說人世間有天才存在，那也只是因為他們比別人多了那百分之一的靈感，而剩下的百分之九十九都是用來澆灌成功之花的汗水。無數事實證明，只有勤奮和刻苦才是通向成功的必經之路。

勤能補拙，更要付出更多的血汗

假使你不能成為高山上挺拔的蒼松，那麼就做山谷中最美好的百合花。成就不在於事業大小，而在於盡心盡力去做。

如果我們是智者，要記住一句：「成功是一分天才，九十九分的血汗。」如果我們是愚者，更要記住：「勤能補拙，更要付出更多的血汗。」

顯然，耐心、熱愛、勤奮、對工作的堅持性，都在實踐中促進了一個人的智力發展。可見，在研究成功者的智慧結構的時候，不能忽略其非智力因素。

非智力因素，又叫人格因素，俗話說：「勤能補拙」。勤奮學習，堅持不懈，愚笨的人也可以變得聰明起來。有學者曾查閱過世界上五十三名學者（包括科學家、發明家、理論家）和四十七名藝術家（包括詩人、文學家、畫家）的傳記，發現他們除了本人聰慧以外，還有以下共同的人格品質：勤奮好學，不知疲倦工作；為實現理想，勇於克服各種困難；堅信自己的事業一定成功；爭強好勝，有進取心；對工作有高度的責任感。可見，在文藝和科學上卓有成就的人，並非都是智力優越者。這與其本人主觀上的艱苦奮鬥，克服困難是分不開的。

丹麥童話作家安徒生家道貧寒，他曾想當演員，劇團經理嫌他太瘦；他又去拜訪一位舞蹈家，結果被奚落一番轟了出來，他流浪街頭，以頑強的毅力刻苦學習，終於成為世界著名的童話作家。

安徒生成長的道路說明，藝術才能有極大的可塑性，人才成長的非智力因素方面較多，有的表現為社會責任感、理想和志向，順應時代潮流；有的表現為個人心理和人格特徵，如：有志氣、有恆心、有毅力、不自卑，在成績面前永不止步；還有的表現為人生道上的機遇。

研究名人的成長道路，可以說幾乎沒有一個是一帆風順的。

史蒂芬．霍金出生於英國的牛津，他年輕時就身患絕症，然而他堅持不懈，戰勝了病痛的折磨，成為了舉世矚目的科學家。

霍金在牛津大學畢業後即到劍橋大學讀研究生，這時，他被診斷患了一種罕見的早發性肌萎縮性脊髓側索硬化症，俗稱漸凍人症（ALS），會慢慢癱瘓。一九八五年，霍金又因肺炎做了穿氣管手術，此後，他完全不能說話，依靠安裝在輪椅上的一個小對講機和語言合成器與人交談；他看書必須依賴一種翻書頁的機器，讀文獻時需要請人將每一頁都攤在大桌子上，然後，他驅動輪椅如蠶吃桑葉般逐頁閱讀……

但霍金不會因為病痛折磨就放棄了對學習的渴望，他正是在這種一般人難以置信的艱難中，成為世界公認的引力物理科學巨人，霍金在劍橋大學任牛頓曾擔任過的「盧卡斯數學教授席位」之職，他的黑洞蒸發理論和量子宇宙論不僅轟動了自然科學界，對哲學和宗教也有深遠影響。霍金還在一九八八年四月出版了《時間簡史》，此書已用四十多種文字發行了一千餘萬冊，如今在西方，自稱受過教育的人若沒有讀過這本書，會被人看不起。

人的才能不是天生的，是靠堅持不懈的努力，靠勤奮換來的，大思想家孔子為了取悅母親，挑燈夜讀，經過一遍又一遍的練習才學會了母親交給他的生字。他的繼承人孟子也不是一個天生就有學問的人。孟子幼年的時候非常貪玩，不喜歡讀書，後來，孟母為了教育兒子，三次搬家，還剪斷布匹開導他，才使孟子明白了要想成才，必須努力勤奮的道理。

即使有一定的天分，如果後天不努力，到頭來也會變成一個碌碌無為之人。還記得王安石的《傷仲永》吧．天分極高的仲永因為後天不努力，最終才華白白浪費，落得和一般人沒有什麼區別的下場。

所以，要想成才，必須努力！在成才道路中，重要的是對自己的學識、才能、特點，有清醒的自我意識，努力爭取主客觀默然契合。實踐告訴我們，成功永遠光顧那些為理想付出了心血的人。

春種秋收，這是自然界的發展規律，也是做事、成就事業的一個不可更改的法則。凡事要成功，必須經過艱苦的奮鬥，只有養成勤勞的習慣，一分耕耘才會有一分收穫。

多一些行動，就多與成功靠近一點

如果說人世間有天才存在，那也只是因為他們比別人多了那份百分之一的靈感，而剩下的百分之九十九都是用來澆灌成功之花的汗水。無數事實證明，只有勤奮和刻苦才是通向成功的必經之路。

阿春和阿來是高中同學，成績也不相上下，同時考入了某大學，但就在收到錄取通知書的同時，阿春的母親突患急症而入院急救，經查診為腦溢血，因搶救及時而無生命危險，但卻從此成了植物人。這無疑使那個本不寬裕的家庭造成了重創，望著白髮愁眉的老父親和躺在病房裡的老母親，阿春決定放棄學業，以幫父親維持這個家的生計。為了償還母親治病欠的債，他決定出去打工。

在建築工地上，阿春起初是個苦力工，由於有讀過書，經理有意讓阿春去處理預算、收入什麼的，但卻是固定薪水，收入穩定但不高，阿春就請經理安排他到賺錢多點的工地職位。在工作期間，阿春邊做邊學、不恥下問，很勤快，對任何不懂的東西都向有關的前輩請教。在實踐中虛心學習，使阿春在一年多的時間裡掌握了幾種主要建築工程必備的技術。但這只是實際操作知識，阿春又利用那點有限的休息時間，購置了些建築設計、識圖、間架結構等有關書籍資料，開始在蚊子叮燈光暗的工棚裡學習。

偶爾與阿來通信，他在信裡描述給阿春的大學生活是如何豐富多彩，信上說，大學裡可以和同學交往、進舞廳，同學們可以到校外去聚餐、喝酒。阿春寫信說自己打工的條件很苦，沒有機會上大學了，勸阿來要珍惜那裡優越的學習機會和條件。阿來回信說在大學裡讀書一點都不緊張，只要成績別太差，一樣會拿到畢業證書的。

第二年，阿春基本掌握了各種操作技術和原理，漸漸由技術員提升為副經理。由於阿春的好學努力精神，以及扎實的功底，公司試著給阿春一些小專案讓其去施工。由於措施得當和管理到位，阿春的每個專案都完成得非常出色，在這期間，阿春仍沒放棄學習，自修了管理學中的系列教程，還選學了一些和建築有關的學科，準備參加自考，完善自我。

第三年，公司成立分公司，在競選經理時，阿春以優秀的成績競選成功，他準備在這個行業中一展宏圖、建功立業。

同年六月，上大學的阿來畢業了，由於平時學習不太刻苦，有幾科考得很不理想，勉強拿到畢業證書。因此在很多公司選聘時都落選，只有一家小公司看中他，決定試用半年，由於剛畢業且在實習期，薪水和待遇不高，以及工作條件不理想，阿來很惱火。由於他讀書成績不佳，且在工作中態度不端正，雙方均不滿意，只好握手言別，阿來失業了。

此時的阿春已是擁有近千人的工程公司的經理，仍在教育網上進修和業務相關的課程。阿來到阿春公司說自己要為阿春做個助手，「朋友嘛，總有個照顧。」阿春說：「來做可以，我這裡同樣也只問效益和貢獻，沒有朋友和照顧，要拿得出真才實學。到哪都會得到承認，光靠朋友和照顧，那是對你以及我公司的失職，那永遠是靠不住的」。

實力的強弱並不能決定能力的高低和成功與否，資質平庸的人，只要用心專一，假以時日，必有所成。相反，天資聰穎的人如果心浮氣躁，用心不專，只會辜負上天的厚愛，一事無成。

學習的機會無所不在，人都處處在各種環境裡學習。學校教育僅僅提供學習機會的一部分，學習場所更不是只有學校而已。生活所處的家庭、鄰里、社區、社團、企業等各式各樣環境與機構都是終身學習機會的一環。記住：世上無難事，只怕有心人。

只要你勤快做事，就一定會有收穫

勤奮是通向成功的最短路徑，也是實現夢想的最好工具，無論是在富裕還是貧困的環境中，只要你肯勤快做事，付出你的努力，你就一定會有收穫，因為天道酬勤。

電腦專家兼詩人范光陵先生，寫出一本《電腦和你》的通俗讀物，暢銷於臺灣和東南亞，他又在國際上奔走呼號，推動成立電腦協會，舉辦電腦講座，召開電腦國際會議，到處發表關於電腦的演講。由於他在這方面的貢獻，泰國國王親自向他頒發電腦成就獎，英國皇家學院授予他國際傑出成就獎。

就是這樣一個天才的人物，剛畢業到美國時也是靠打工吃苦混出來的。開始時，他在一家餐館做一份打雜的工作。

每天工作十一個小時，一週工作六天，餐館中最髒最累的工作全得做。倒垃圾、刷廁所、洗碗盤、切洋蔥、剝凍雞皮……每天像個陀螺一樣忙得團團轉。餐館裡的人大大小小全是他的上司：大廚、二廚，連資深雜工全都是上司，誰都可以對他指手畫腳，動輒訓斥或隨意作弄。

但范先生不但能吃得起大苦，而且還受得起侮辱，這就不光是毅力，而且還與他胸揣事業雄心是分不開的。

他在兩年裡打過各式各樣的工——洗盤碗、端茶送水、賣咖啡、做收銀員、售貨員……他曾窮到口袋裡沒有一分錢，整天只喝清水，吃麵包屑，但心揣雄心的他仍然不停思索著、摸索著，想找出一條路來。

後來，他賺了錢，上大學，讀研究所，獲得了碩士、博士學位，成為了電腦專家和詩人，他圓了自己的夢，實現了他的理想。

世界上的事，從來是一分耕耘一分收穫，怕吃苦，圖安逸，成不了大事。請想想，哪位傑出人物不是吃得人間許多苦方才奮鬥出來的？

科幻大師凡爾納，他一生寫了幾十部科幻小說，有《海底兩萬里》、《地心歷險記》、《格蘭特船長的兒女》、《神祕島》、《氣球上的五星期》、《環遊世界八十天》等等。這些小說被翻譯成多種文字、被介紹到世界各國，他本人也成為科幻小說的開山祖師。但是，在很長時間裡，他寫的科幻小說送到巴黎的好幾個出版社，都被退稿。一封又一封的退稿信曾經使他精神崩潰，氣得他拿起書稿扔到火爐裡去。坐在一旁的妻子眼疾手快，從火爐裡撿出書稿，和顏悅色勸丈夫不要洩氣，自會有識寶的人。好在凡爾納確是一匹千里馬，又有從善如流的性格，果然，再投一家出版社，那裡的編輯答應出版。出版之後，大受讀者歡迎，這家出版社又向他要稿子，他便把堆在屋裡的書稿一部部送去，都一一出版了。

這一段文壇佳話道出了筆耕的艱難，道出了毅力的重要，道出了有壯志雄心者即使遭受一而再、再而三的挫折也切不可氣餒，勝利就在堅持之中！

很多人想找一條通向成功的捷徑，當眾裡尋他千百度之後，發現「勤」字，是成功者不可缺少的習慣之一。

古時有位姓王的青年，是個大戶人家的子弟，從小就愛道術，他聽人說嶗山上有很多得道的仙人，就前去學道。

王生在清幽靜寂的廟宇中，只見一位老道正在蒲團上打坐，只見這位老道滿頭白髮垂掛到衣領處，精神清爽豪邁，氣度不凡。王生連忙上前磕頭行禮，並且和他交談起來。交談中，王生覺得老道講的道理深奧奇妙，便一定要拜他為師。道士說：「只怕你嬌生慣養，性情懶惰，不能吃苦。」王生連忙說：「我能吃苦。」老道便把他留在了廟中。第二天，王生在師父的吩咐下隨眾人上山砍柴。

這樣過了一個多月，王生的手和腳都磨出了很厚的繭子，他忍受不了這種艱苦的生活，暗暗產生了回家的念頭。

又過了一個月後，王生受不了了，可是老道還不向他傳授任何道術。他等不下去了，便去向老道告辭說：「弟子從好幾百里外的地方來投拜您，不指望學到什麼長生不老的仙術，但能不能傳些一般的法術給我呢？現在已經過去兩三個月了，每天不過是早出晚歸在山裡砍柴，我在家裡，從來沒吃過這樣的苦。」老道聽了大笑說：「我開始就說你不能吃苦，現在果然如此，明天早上就送你走。」

王生聽老道這樣說，只好懇求說，「弟子在這裡辛苦勞作了這麼多天，只要師父教我一些小法術也不枉我此行了。」老道問：「你想學什麼呢，」王生說：「平時常見師父不論走到哪兒，牆壁都不能阻隔，如果能學到這個法術就滿足了。」

老道笑著答應了他，並領他來到一面牆前，向他傳授了祕訣，然後讓他自己念完祕訣後，喊聲「進去」，就可以進去了。王生對著牆壁，不敢走過去。老道說，「試試看。」王生只好慢慢走過去，到牆壁時披擋住了。

老道指點說：「要低頭猛衝過去，不要猶豫。」當他照老道的話猛向前衝，真的未受阻礙，睜眼已在牆外了。王生高興極了，又穿牆而回，向老道致謝，老道告誡他說：「回去以後，要好好修身養性，否則法術就不靈驗了。」說完，就讓他回去了。

王生回到家中得意不已，說自己可以穿越厚硬的牆壁而暢通無阻。他妻子不相信，於是，王生按照在老道處學的方法，離開牆壁數尺，低頭猛衝過去，結果一頭撞在牆壁上，立即撲倒在地。

生性懶惰，卻還想得道成仙，這無疑是異想天開。懶惰不改，要想獲得成功，必定會碰壁的。如果說王生的遭遇是一個懶惰者的遭遇，那麼王生所得的教訓就是所有懶惰者的教訓了。

沒有一個人的才華是與生俱來的，在成功的道路上，除了勤奮，是沒有任何捷徑可走的，在每個成功者的身上，他們都有著勤勞的習慣。

在這個競爭激烈的世界裡，人才雲集，競爭對手強大。快節奏的生活，高度的競爭又時刻令人體會到一種莫大的壓力，潛移默化催人上進。

我們每一個健康生活的人都希望自己能夠走向成功，都想在成功中領略一道人生的美景，而成功又不是輕易予人的。而只有那些隨身帶上勤奮習慣的人，才能用自己勤勞的雙手獲得幸福與快樂。

世上無難事，只怕工作狂

任何一個雙手插在口袋裡的人，都爬不上成功的梯子。只有那些熱愛自己事業，對自己所追求的目標全身心投入的人，才會獲得人生的成功。

創造了經濟高速增長奇蹟的日本人有這樣一句名言：世上無難事，只怕工作狂。形象闡明了敬業和成功之間的關係。

敬業，往往意味著對事業的全身心投入，意味著承受常人所不能承受的苦痛，意味著長時間的艱苦工作，意味著可以接受前進中任何障礙的挑戰。敬業，還必須全身心投入到事業中去。

著名的女指揮家張培豫就是這樣一位全身投入於音樂之中的成功者，然而，也正是敬業精神的習慣才造就了她本身。

張培豫是一位世界馳名的著名指揮家。在西方樂壇上，指揮這一行業是男士的世襲領地，張培豫卻靠著超凡的實力打入歐洲樂壇，甚至出任首席指揮。

張培豫極其敬業，她的敬業精神是出了名的，她曾創下一個月內指揮三場高水準音樂會的記錄，也曾在不到半年內指揮過八場演出。

雜誌的一篇文章形容她：像一架上滿發條的鐘，在不停轉著、走著。

張培豫對樂隊要求以嚴格而聞名，但她最苛刻的還是自己，她有一種為了藝術可以不顧一切的精神。

青年時代的張培豫只是臺灣的一名鄉村女教師，她因調教有方，率團三次奪取小學合唱比賽冠軍而小有名氣。一次演出前，她摔傷了，醫生囑咐她必須靜養，她卻堅持打著石膏參加了排練和演出。一位觀看演出的教育獎學金評委目睹此景，深為感動，極力為她申請赴奧地利留學的獎學金，使她實現了到音樂之國求學的夙願。

張培豫的敬業精神，不僅為她贏得了走向音樂事業的重要機遇，也是她事業取得成功的根本。

在指揮貝多芬專場音樂會之前，她突然生病了，大家都擔心她是否會推遲演出，熟悉她性格的大提琴家司徒志文卻說：「只要不倒下，她會不顧一切堅持演出。」

果真，她最後如期而至，並且執棒的曲目還是力度最大的貝多芬第五交響曲《命運交響曲》。

一個月後，在指揮另一場演出時，上台前她一直頭疼，吃了幾片止痛藥，她就又出現在指揮台上。她說：「本來我可以節省點力氣，但我對音樂一向是全力以赴。」

張培豫曾對記者說過這樣一段話：「音樂與我的心結合在一起，它是從我的心裡流出來的，是我的肺腑之言……當我把音樂呈現好，我就得到了最大的滿足，這是我生活的目標，也是我從事指揮的意義所在。」

「我熱愛音樂，太熱愛了！沒有任何其他的事情可以超越它，也沒有任何其他的事情能夠讓我如此投入。哪怕我走得再艱辛，我也不會放棄。」

這一番肺腑之言的確能引起我們的沉思。

張培豫的敬業習慣使她從一個普通的鄉村女教師登上了首席指揮家的寶座。這其中，對音樂的忘我精神，和音樂融為一體，並為了音樂可以犧牲自我的精神，起著至關重要的作用。音樂是她的全部，她的一生就是一場接著一場的精彩的音樂會。在張培豫的人生當中，成功的素質便是敬業習慣。

為自己「投資」，為自己「充電」

無論你學了多少知識，它都會累積在你的腦中。成為你自己的東西，永遠不會消失，將知識轉化為前進的動力，你的遠大目標就會近在咫尺，你離成功就只有一步之遙。

要想達到令人滿意的學習效果，必須具備堅實的基礎。基礎不是一天就可以打好的，它需要一個艱辛的積累過程。「不積跬步，無以至千里；不積小流，無以成江河。」等到「積土成山，積水成淵」之時，也就是你學有所成之時。

在資訊社會，知識是要經常更新的，這十分重要。有的人掌握的知識的確很豐富，但也未免在自鳴得意的同時遇到不可救藥的麻煩。我們必須知道，追求知識永遠沒有止境，只有不斷堅持努力學習，不斷更新知識，才能適應和跟上社會的發展。

根據個人的發展方向。適時選擇需要學習的知識範圍，制定切實可行的學習計畫，積極自主學習，並把學到的東西應用於實踐，透過實踐來檢驗學習效果。在不斷的學習與檢驗中，完善自我，走向出色。學習，應當成為每天必須完成的任務，做到「活到老，學到老」。

如果你是一個精明的人，你就應當學會用時間為自己「投資」，為自己「充電」，不斷提高自身素質，以培養自己適應未來社會的能力。

上學是幸福的，我們在學校的時候，不用擔心生存的艱難，不用考慮下一步如何找到自己的落腳點，總而言之，求學時期是最輕鬆的時光，也是「充電」的最佳時機，但是又想早一點離開學校，獲得自由，而且自己還能賺錢花，因而上學時對「充電」的認識還是把握不住。

在離開校園生活好多年之後，你或許有時還在惦念那段「充電」的日子，但時光是不能倒流的。最現實的做法是研究研究自己腳下的路該如何走。當然，要走好「路」，先要思考思考離開學校以後，如何進一步為自己「充電」。

「自主學習」是從學校裡出來後，為進一步加強自身實力，而隨著時代的步伐掌握原來在課堂上沒有學到的新知識、新內容。學習，是每天的任務，正所謂「活到老，學到老」。一旦鬆懈，別人很快就會超過你，而你要追上也很辛苦，因為人家也在不斷進步，以致你想趕超都幾乎不可能。一個善於堅持不懈學習的人，即使底子較差，前途也一定是光明的。對於國家來說也如此，一個善於學習的國家，一定是有希望的國家，當然，國家的希望也在於國民能不斷透過學習提高素質。

常聽人抱怨：「春天不是讀書天，夏日炎炎最好眠，等到秋來冬又至，不如等待到來年。」其實，這只是懶人的藉口。不論你有多忙，一天中抽出點時間來學習，有百利而無一害。愛因斯坦說過：「人的差異在於業餘時間。」

究竟學什麼呢？自主學習，就是自己為自己安排「課程」和「課本」。這裡的「課本」並不是指現成的書籍，而是完全結合自身實際來設計學習計畫。一方面要把你自己將來要從事的工作和目標作為選擇「課程」的依據，而確定「專業課程」。如果你將來想做企業老闆，就要把經營管理和財務作為主要課程；如果你將來想成為專業技術主管，不僅要學習與專業有關的知識，還要學習人力資源管理方面的內容等等；另一方面就是要把鍛煉自己做人的品格、以及社會適應和競爭能力當作學習的目標，因為，這是社會課程，而且是最關鍵的。

而我們的課堂在哪裡？「課堂」就是社會，具體而言就是我們所處的環境。而你接觸的每一個人，無論是同事、下級還是上司，都是你的老師。

諾貝爾物理學獎獲得者楊振寧，一次在圖書館看書時，很快就進入了狀態，忘記了身邊的一切，包括時間。不知道過了多久，圖書館鈴聲響了好幾遍，管理員催促大家離館。可是楊振寧專注於自己研究的資料，完全沒有意識到時間的流逝。就這樣，他在圖書館裡過了一夜。楊振寧非常珍惜時間，在他的時間表裡，沒有假日的安排。長期的磨練，使他可以抓緊分分秒秒思考和演算。

中國古時候就有「頭懸梁」、「錐刺骨」的傳說，那是古代人激發大腦潛能的辦法。現代人很少有人能下如此大的決心來激勵自己。但是科學使用大腦就可以使你的大腦發揮出超常的潛能。

第一，要確立遠大的目標，有目標才會產生動力。

第二，要與你的惰性鬥爭，不能總是讓智慧沉睡。

第三，發揚吃苦精神，刺激潛能發揮。

第四，要與更高更強的目標比較，常言說：不比不知道，一比嚇一跳。這一嚇就會刺激你的潛能爆發出來。

你要知道，人腦的潛力是無限的，我們一般人只使用了人腦極少的能量，還有極大的一部分有待於我們去開發、去合理利用。

如果我們能利用人腦的百分之十，就可以使我們的生活徹底有根本性的改變，我們就可以實現我們的所有夢想。

知道你的大腦還有很大的開發天地，你就不會對自己失望，你就還有機會去實現你的夢想，只要你努力，你就會如願以償。在這個「知識經濟」時代，我們必須注重自己的學習能力，必須能夠勤於學習、善於學習，並且終身學習，才能在競爭激烈的社會中立於不敗之地。

天下沒有免費的午餐，付出才有收穫

每個人都期望幸福，對於成功者而言，最大的幸福就是勞有所獲。

梅貽琦的父親梅臣（字伯忱）只中過秀才，後來淪為鹽店職員。梅臣生子女各五人，貽琦為長子，一九〇〇年（貽琦十一歲）隨父母至保定避庚子之亂。秋後返津，家當又被洗劫一空，父親失業，生活困難。一九〇四年，梅貽琦以世交關係入天津南開學堂讀書，成為著名教育家張伯苓先生的得意門生。在校期間一直是高材生，一九〇八年畢業時名列榜首，他的名字一直被銘刻在南開校門前的紀念碑上。畢業後，被保送至保定「直隸高等學堂」。

一九〇九年夏，清政府「遊美學務處」招考第一批留學生。梅貽琦以優異成績考取。十月赴美，成為清華「史前期」的第一批學生。抵美後，進入大學學習電機專業，在校期間勤攻苦讀，且省吃儉用，常把節省下來的餘錢積少成多寄回貼補家用。一九一四年夏，梅貽琦畢業，獲工學士學位並被選入「SigmaXi」（美國一種專為獎勵優秀大學生的組織）。在美期間，他曾擔任過留美學生會書記、《留美學生月報》經理等職。一九一五年春回國，於天津基督教青年會服務半年，九月，即應母校清華之聘來校任教。一九二一年，他利用休假機會再度赴美，入芝加哥大學研究物理一年，一九二二年秋，「遍遊歐洲大陸」後返國，繼續在清華任教。

一九二五年，清華學校增設大學部，梅貽琦擔任物理系的「首席教授」。翌年春，教務長張彭春辭職，師生群起挽留，發展成一場「校務改進運動」，成果之一是從這以後教務長一職不再由校長指定，而是由全體教授公選。四月，梅貽琦被公選為改制後的第一任教務長。

天下沒有免費的午餐，這個故事告訴我們，奮發向上、辛勤實幹，是取得傑出成就所必須付出的代價；任何傑出成就都必然與好逸惡勞的懶惰品行無緣。正是辛勤的雙手和大腦才使得人們富裕起來，任何事業追求中的優秀成就都只能透過努力才能取得，沒有辛勤的汗水，就不會有成功的喜悅與幸福。

「真正的幸福絕不會光顧那些精神麻木、四體不勤的人們，幸福只在辛勤的工作和晶瑩的汗水中。」懶惰，只有懶惰才會使人們精神沮喪、萬念俱灰；工作，也只有工作才能創造生活，帶來幸福和歡樂給人們。任何人只要工作，就必然要耗費體力和精力，工作也可能會使人們精疲力竭，但它絕對不會像懶惰一樣使人精神空虛、沮喪、萬念俱灰。因此，一位智者認為工作是治療人們身心病症的最好藥物。「沒有什麼比無所事事、空虛無聊更為有害的了。」「一個人的身心就像磨盤一樣，如果把麥子放進去，它會把麥子磨成麵粉，如果你不把麥子放進去，磨盤雖然也在照常運轉，卻不可能磨出麵粉來。」

有些懶惰的人總想做點輕鬆的、簡單的事情，但大自然是公平的，這些「輕鬆的」、「簡單的」事情對於懶惰者而言也會變得很困難。那些一心只想逃避責任的懦夫也遲早會受到應得的懲罰，因為這種人總是對高尚的、有利於公眾的事情不感興趣，於是他的私欲、各種卑劣、庸俗的念頭就會在他的頭腦中膨脹起來，這種人的心思本來可以用在有益的、健康的事業上，結果卻由於私心雜念過多，自己的心智腦力被各式各樣瑣碎、卑鄙、甚至是幻想出來的煩惱和痛苦白白耗費了，許多無所用心之人的腦力也是這樣白白浪費了。

年輕人要對自己負責，將來的生活才會有充滿快樂、幸福，才是成功的，而獲得快樂與幸福的方法之一就是工作。經常從事一些適宜的工作，對每個人來說都是有益無害。一旦離開這種經常性的、有益於身心的工作，人們就會無精打采、無所事事，進而會頭昏眼花，神經系統也會紊亂不堪，久而久之，身體自然會莫名其妙垮下來，精神也會一蹶不振，千萬不要陷入這種狀態之中。戰勝無聊和苦悶的最好辦法就是勤奮工作，滿懷信心。一個人一旦開始工作，快樂自然就會來到你身邊，無聊和單調的感覺就會逃之夭夭。

沈從文曾經長時間從事辛苦的文學創作工作。他自己在回憶這段時光時說，這種辛勤工作使我養成了勤奮、專注、有規律生活等良好習性，這些良好習性使我終身受益無盡。

那些勤勞的人們總是很快就會投入到新的生活方式中去，並用自己勤勞的雙手尋找、挖掘出生活中的幸福與快樂。年輕人要享受成功的幸福，首先得要有勤勞的習慣來付出你的辛勞汗水，只有這樣，你才會收穫耕耘的快樂。

戰勝懶惰，做個勤奮的人

「勤奮出貴族」這句話是一句亙古的箴言。無論是過去還是現在，無論是在西方還是東方，那些享有地位、尊嚴、榮耀和財富的貴族，都有一顆永不停息的心，都有一雙堅強有力的臂膀；在他們身上都凸顯出了令人尊敬的勤奮創業與敢為天下先的精神，都閃耀著非凡毅力與頑強意志的光芒。而正是這樣的品質使他們獲取了財富，讓他們成就了事業，贏得了尊崇，成為了頂天立地的人物。

在這個無限變幻的世界中，沒有永遠的貴族，也沒有永遠的窮人。如同萬事萬物都處在永恆的運動、變化之中一樣，尊者卑、卑者尊，這種盛衰起伏變幻如同滄海桑田，生生不息。出身卑賤和家境貧寒的人，透過自己的勤奮工作、執著的追求和智慧，同樣能夠功成名就、出人頭地，成為一代新貴族。

人的本性之一是趨樂避苦，惰性也就如同影子一樣時常左右糾纏，企圖桎梏人的心靈。偉大的科學家愛因斯坦說過：「在天才和勤奮兩者之間，我毫不遲疑選擇勤奮，勤奮幾乎是世界上一切成就的催產婆。」

一個愛講廢話而不勤奮學習的青年，整天纏著大科學家愛因斯坦，要他公開成功的祕訣。愛因斯坦被纏得沒辦法了，就寫了一個公式給他：A＝X＋Y＋Z。然後告訴他：「A代表成功，X代表勤奮，Y代表正確的方法，Z代表少說廢話。」這個公式包含著真理，它表明：一個人要想獲得成功，不僅要求人們在學習時要有正確的方法，又要求人們少說廢話，更重要的是勤奮。

「懶惰」是人生中最可怕的敵人，許多本來可以做到的事，都因為一次又一次的懶惰、拖延而錯過了成功的機會。「懶惰」又是個很有誘惑力的怪物，人一生隨時都會與它相遇。比如，早上躺在床上不想起來，起床後什麼也不想做，能拖到明天的事今天不做，能推給別人的事自己不做，不懂的事自己懶得懂，不會做的事自己不想做……

要靠自己的努力獲取尊貴和榮譽，只有這樣的尊貴和榮譽才能長久。但不幸的是，在我們今天這個社會，很多生活富足的人都缺乏進取精神，躺在父母創造給他們的物質財富中好逸惡勞，揮霍無度，以致許多人雖在富裕的環境中長大，卻最終不免要在貧困中死去。

所以，要想在與人生風浪的搏擊中完善自己，成就自己，享受成功的喜悅，贏得社會的尊敬，高歌人生，你就必須戰勝懶惰。要戰勝懶惰，可以按照以下方法去執行：

（1）承認自己有愛拖延的習性，並不願意克服它。這是處理一切問題的前提。只有正視它，才能解決問題。不承認自己懶惰，就不可能改正自身的弱點。

（2）是不是因恐懼而不敢動手，這是愛拖延的一大原因。如果是這一原因，克服的方法是強迫自己做，假想這件事非做不可，並沒什麼可恐懼的，並不像你想像得那麼難，這樣你終會驚訝事情竟然做好了。

（3）是不是因為健康不佳而懶惰。其實，懶惰並不是健康的問題，而是一種生活態度的問題，有些人，儘管疾病纏身照樣勤奮努力。如果，身體真的有疾病，更要留意你的身體狀況，及時去治療，更不應該拖延。

（4）嚴格要求自己，磨煉你的意志力。意志薄弱的人常愛拖延。磨煉意志力不妨從簡單的事情做起，每天堅持做一種簡單的事情，例如寫日記，只要天天堅持，慢慢的就會養成勤勞的習慣。

（5）在整潔的環境裡工作不易分心，也不易拖延。把自己生活的環境整理好，使人身居其中感覺舒適，就會熱愛自己的生活，產生勤奮的動力。另外，備齊必要的工具也可加快工作進度，也可以避免拖延的藉口。

（6）做好計畫。合理安排自己每天的生活工作，制定切實可行的計畫，要求自己嚴格按計劃行事，直到完成為止。

（7）公開你的計畫。在適當的場合，比如，在家裡、或者在朋友面前，把你的計畫向大家宣布，這樣你就會自己約束自己，不敢拖延。

為了你的面子，你不得不按時做完。

（8）嚴防掉進藉口的陷阱。我們常常拖延著去做某些事情，總是為自己的懶惰找理由，找藉口。例如「時間還很充足」、「現在動手為時尚早」、「現在做已經太遲了」、「準備工作還沒做好」、「這件事太早做完了，又會有別的事」等等，不一而足。

（9）抱只做十分鐘的打算。開始克服懶惰，很難堅持太長時間，你可以對自己說：「只做一會兒，就十分鐘。」十分鐘以後，很可能你已經興奮起來而不想罷手了。

（10）不給自己分心的機會。我們的注意力常常受外界的干擾，不能夠投入工作，成為我們拖延偷懶的藉口。把雜誌收起來，關掉電視，關上門，拉上窗簾等等。這樣，就可以使自己的注意力集中起來，克服拖延的毛病，投入工作。

（11）留在現場。有些事情在開始做時，總會不順利，這就成為拖延偷懶的藉口，轉身就走又無法克服懶惰的習慣。強迫自己留在事情的現場不許走。過一會兒，你可能就找到了解決問題的辦法，你可能就不再拖延，你就會做下去。

（12）避免做了一半就停下來。這樣很容易使人對事情產生棘手感、厭煩感。應該做到告一段落再停下來，會帶給你一定的成就感，促使你對事情感興趣。

(13) 先動手再說。三思而後行，往往成了拖延的藉口。

有些事情應該當機立斷，說做就做，只要做起來了，你就不會偷懶，即使遇到問題，你也可以邊做邊想，最終就會有結果。

(14) 想想事情做完後將得到的回報，那是多麼愉快啊。

克服懶惰的辦法就是讓結果對他有一定的誘惑力。

我們從小教孩子：

去洗洗碗，做完了有獎勵。

去洗衣服，洗完了可以看電視。

其實，我們自己要克服懶惰，也可以自己設定一個勤勞的報酬，來激勵自己。

偷懶之後，我們就會覺得時間不夠用了，我們就會痛悔虛度一生。只有戰勝懶惰，我們才能做時間的主人，從容不迫、豐富而多彩度過一生。

天道酬勤，命運掌握在勤勞人的手中

勤奮是一種可以吸引一切美好事物的天然磁石。在日常生活中，靠天才做到的事情，靠勤奮同樣能做到；靠天才做不到的事，靠勤奮也能做到。俗語說：「勤奮是金。」

現實生活告訴我們：天道酬勤，命運掌握在那些勤勤懇懇工作的年輕人手中。富蘭克林在《窮理查年鑑》中說：「個人的奮發工作和勤勞實幹，是取得傑出成就的必然，與好逸惡勞的懶惰品行無緣。正是辛勤的雙手和大腦才使得人們富裕起來——在自我教養、在智慧的生長、在商業的興旺等方面。事實上，任何事業追求中的優秀成就都只能透過辛勤的實幹才能取得。」

在人才競爭日益激烈的職場中，唯有依靠勤奮的美德——認真對待自己的工作，在工作中不斷進取，才能成功。

在這個人才輩出的時代，年輕人要想使自己脫穎而出，就必須付出比以往任何時代更多的勤奮和努力，擁有積極進取、奮發向上的精神，否則你只能由平凡轉為平庸，最後變成一個毫無價值和沒有出路的人。

很多年輕人習慣於用薪水來衡量自己所做的工作是否值得。其實除了薪水之外，還有更重要的東西是值得你去追求的，那就是你的人生價值。勤奮的品質可以最大限度發揮你的潛力，在工作中積累經驗，努力更新你的思維方式，生命就在你的進取中生生不息，人生就在你的進取中超越自我，創造卓越。

作為年輕人，如果只想著如何少做點工作多玩一會兒，那麼遲早會被職場所淘汰。享受生活固然沒錯，但怎樣成為老闆眼中有價值的職業人士，才是最應該考慮的。一個有頭腦的、有智慧的年輕人是絕不會錯過任何一個可以讓他們的能力得以提高，讓他們的才華得以展現的工作。

勤奮是走向成功所必備的美德。歷史上湧現出許許多多傑出的人物，他們都是靠勤奮走向輝煌的。

在麥當勞剛剛進入澳洲餐飲市場時，其奠基人彼得·里奇在雪梨東部開設了一家麥當勞速食店。當時貝爾的家離這家麥當勞店很近，他每次上學放學都會經過那裡，貝爾的家很窮，上學的學費都是東湊西湊來的，看到許多同學都能買文具和日用品，他卻不能。一九七六年，十五歲的貝爾在萬般無奈的情況下走進了這家麥當勞店，他想能夠透過在麥當勞打工賺點零用錢，幸運的是，他被錄用了，他的工作是掃廁所。

掃廁所是又髒又累的工作，沒有人願意做。但貝爾卻在店裡做得非常好，而且他是個眼裡有工作的孩子，很勤勞。他常常放學後就過來，先掃完廁所，接著就擦地板；地板擦乾淨後，他還會幫其他員工翻翻烘烤中的漢堡。一件接一件，他都細心做，認真學。

彼得．里奇看著這個勤奮的少年，心中非常喜歡。沒多久，里奇就說服貝爾簽署了麥當勞的員工培訓協議，讓貝爾參與正規的職業培訓。培訓結束後，里奇又將貝爾放在店內各個職位全面訓練。雖然貝爾只是個領時薪的工讀生，但因他的勤奮努力和出眾的悟性，經過幾年的鍛煉後，他很快就掌握了麥當勞的生產、服務、管理等一系列工作。十九歲時，貝爾被提升為澳洲最年輕的麥當勞店面經理。這次提升為貝爾提供了更多施展才華的機會，透過他的勤奮努力，一九八〇年，他又被派駐歐洲，推動那裡的業務，並積累了很多經驗。此後，他先後擔任麥當勞澳洲公司總經理，亞太、中東和非洲地區總裁，歐洲地區總裁，以及麥當勞芝加哥總部負責人等。二〇〇三年，貝爾被任命為麥當勞（全球）董事長兼執行官。

成功需要刻苦的工作，作為一名普通員工的年輕人，你要更相信，勤奮是檢驗成功的試金石，即使你才智一般，只要足夠勤奮，主動做好自己手上的工作，最終你將會成為一名成功者。

從英國飛往馬來西亞首都吉隆坡的漢斯，一下飛機就直接找到自己的上司哈恩要求工作。

「好啊！請你搬把椅子坐在我辦公室的角落裡，盡可能不要引人注目，其他人在場的時候不要說話，不管是迎來還是送往，你都不要離開這裡。」哈恩道。

「我就做這個嗎？」漢斯問。

「對。而且最起碼要這樣做一個月。當然，你要把自己的真實感想、疑慮、發現的問題及它的根源等分析清楚並記錄下來。」哈恩鄭重其事說道。

「可是，經理，我大老遠從英國總部趕來，您讓我用一個月的時間就做這些嗎？」漢斯非常不解，「您要知道，我……」

「好了，既然你到了我這裡，就必須聽我的吩咐，而我也不想聽你說你以前是做什麼的，是多麼的糟糕或出色。你可能有你的想法，也許你的想法很對，但請你先把它們放下，從適應這裡的一切開始。」

漢斯雖然滿肚子的委屈，但人在職場身不由己。他只好從頭做起，每天靜靜坐在辦公室的角落裡，看哈恩怎麼樣處理問題、迎接客戶和指揮下屬「開疆拓土」。腦子裡像個觀察員和評論員一樣記錄著他的得與失……

但是，隨著時間的推移，他學到了以前從未看到或想到的一些事情，尤其是哈恩如何化解各種矛盾、運籌帷幄提高工作效率和加速本部門業績的技巧，不但讓他大開了眼界，更讓他學到了一些在書本上學習不到的知識。更重要的是，他從哈恩身上學習到了勤奮主動的工作習慣。

一個月結束時，哈恩問：「怎麼樣，還有些收穫吧？」

「謝謝您。這一個月真讓我一生受用無窮啊！」漢斯無限感慨答道。後來漢斯成了另外一家公司的總裁，雖然取得了令人稱羨的成績，但他還是一如既往保持著從自己的上司哈恩身上學習到的勤奮的工作精神。

一個年輕人具有勤奮，才能在工作中取得主動，才能超越自己平凡的人生軌跡，獲得自己應得的榮譽。你也許會說，他們是偉人，我不想做偉人，我只想做一個平凡的人，其實這只是你在為自己找藉口。許多年輕人都像你一樣一直在為自己找理由，而不勤奮工作，只要你拋開那些消極的想法，勤奮工作，你在做人、做事方面都可以非常優秀。

天下無難事，更何況只是你公司裡的事、你的工作呢！即使你天資一般，只要勤奮工作，就能彌補自身的缺陷，最終成為一名成功者。只要勤奮，你就會成功，就會逐漸成為老闆器重的人。千萬不要等到失業了，被老闆淘汰了才想起要勤奮工作！

勤者成事，惰者敗事

一項事業，人是最根本的因素。你用什麼樣的態度來付出，就會有相應的成就回報你。如果以勤付出，回報你的，也必將是豐厚的。所以，某種意義上講「成事在勤」實不為過。

南宋的思想家和教育家朱熹，是個從小就立志當孔子的人。在他讀書時，一天上午，老師有事外出，沒有上課，學徒們高興極了，紛紛跑到院子裡的沙堆上遊戲、打鬧，不大的天井裡，歡聲笑語，沸沸揚揚。這時候，老師從外面回來了，他站在門口，望著這群天真活潑的孩子們「造反」的情景，搖搖頭。忽然，他發現只有朱熹一個人沒有參加孩子們的打鬧，他正坐在沙堆旁，用手指聚精會神畫著什麼，先生慢慢走到朱熹身邊，發現他正畫著易經的八卦圖呢！從此，先生更對他另眼相看了。

朱熹這樣好學，很快成為博學的人，十歲的時候，他已經能夠讀懂《大學》、《中庸》、《論語》、《孟子》等儒家典籍了。

高高在上的聖人其實並非可望不可即，治學之路就如同登山，唯有攀登不輟，才能一步步靠近峰頂。「一覽群山小」的聖人們的成功其實亦是由勤奮的習慣得來的。

《史記》〈孔子世家〉記載：「孔子晚而喜《易》，序《彖》、《繫》、《象》、《說卦》、《文言》，讀《易》韋編三絕。曰：『假我數年，若是，我於《易》則彬彬矣。』」

孔子讀《易經》竟然能把編聯簡冊的牛皮翻斷三次，可見其勤奮。不管你是一個凡人，還是一個聖人，勤奮的習慣在你走向成功的努力過程中，始終不可缺少。

踏踏實實做人，實實在在辦事，任何一個雙手插在口袋裡的人，都爬不上成功的梯子。留下一個實在的形象，為自己的成功增添一份夯實的基礎，從實際出發，對自己負責。

愛因斯坦小的時候，有一次上手工藝課，老師要求每個人做一件小工藝品。課堂上，老師讓學生們把他們的作品拿出來，一件一件檢查。當老師走到愛因斯坦面前時，他停住了，他拿起愛因斯坦製做的小板凳（那可不是一件成功的作品）問愛因斯坦：「世上難道還有比這更壞的小板凳嗎？」愛因斯坦以響亮的回答告訴老師說：「有！」

然後，他又從自己的抽屜裡拿出了一個板凳，對老師說：「這是我做的第一隻。」

一個並不手巧的人最後仍然可以成為一個偉大的科學家，不巧的手因勤奮而顯得舉足輕重。

自身的缺點並不可怕，可怕的是缺少勤奮的習慣。自身之拙，可能會成為我們成功路上的障礙，但偉人、名人就是在克服障礙後得到桂冠的。即使是大山般的障礙，也可以被我們用愚公移山的精神、用勤奮一點點的挖掉，如果我們始終不放棄理想的話。勤奮面前，再艱巨的任務都可以完成，再堅定的山也都會被「移走」；凡事只有踏實勤勞，才能獲得真正的成功。

成就一番事業的人，一定要守住「勤」字，忌掉「懶」字，懶惰是人的本性之一；稍不留神就會流露出來。所以想成就一番事業要時刻提醒自己：「成事在勤，謀事忌惰」。

學無止境，成功需要終生學習

過去一個人只要學會一技之長就可以終生享用，現在就不行了，今天還在應用的某項技術，明天可能就已經過時了，知識、技術更新換代的速度讓人目不暇給，要使自己能夠跟上時代發展的步伐，就要不斷學習。

人如果停止學習，就會退步，從人的自我發展和自我實現來說，一旦停止學習，人生的意義也就結束了。

多數人還在如何適應生存、如何才能發展自己的問題上思考著學習的重要性。如果停止學習，你就會落伍，就要被時代淘汰，你的生存就會受到威脅，就談不上發展，更談不上自我實現。

人的潛能是很大的，成功沒有止境，學習也是沒有止境的。不斷的學習，你就會有不斷的進步。

有些人淺嘗輒止，滿足於一時的成功，他們雖然值得慶賀，但不值得人敬佩。只有那些不斷進取，不斷超越自己的人才值得我們敬仰。

斯托原來想做一個工程師，並且一直在這方面學習專業知識，武裝自己，但是，在美國經濟大恐慌時期，他找不到他的就業市場，也就是說，他所學的專業知識沒有用武之地，他無法實現原來的夢想。

他重新估量了自己的能力，決定改行學習法律，他又一次回到了學校，去學將來可以當法人律師的特別課程，很快，他學完了必修課程，通過了法庭考試，很快就執業營運了。

斯托回學校上課的時候，已經年逾不惑，並且成家立業，更加令人感動的是，他不迴避困難，而是仔細挑選了法律最強的多所院校去選修高度專業化的課程，一般法學系學生需要四年才能上完的課程，他只花了兩年就讀完了。

很多人會找藉口說：「我已經太老了，學不懂了。」或者說：「我有一大家人等著我去養活，哪有時間去學習？」這實際上是一種藉口罷了。這是一種得過且過、苟且偷安、貪圖享受、安於現狀、不圖進取的心理在作怪，是在為自己找一個體面的藉口罷了。

其實，人生是一個本我、自我、超我的過程，你只有不斷學習，才能達到最高的人生境界。

人的一生就是學習的一生。學習一生，你就會有收穫的一生；學習一生，你就會有成功的一生。學會學習，你的一生就有了意義。只有學習才是人終生的事業。

第五個行為習慣　養成充滿自信的習慣

自信是人們事業成功的階梯和不斷前進的動力。在許多偉人身上，我們都可以看到超凡的自信心。正是在這種自信心的驅動下，他們敢於對自己提出更高的要求，並在失敗中看到成功的希望，鼓勵自己不斷努力，而獲得最終的成功。有自信心的人，可以化平庸為神奇，化渺小為偉大，創造出驚天動地的業績。所以，我們一定要培養自信的習慣，那麼，成功就會離我們不再遙遠。

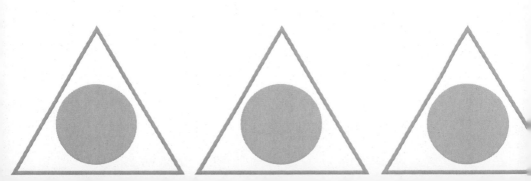

自信，成功的階梯

有自信的人不會在轉瞬間就消沉沮喪。如果一個自信的人從他的庇蔭之所被人驅逐出來，他就會去造一所塵世風雨摧毀不了的屋宇。

才華出眾的人總會遇到挑戰，而有時恰好最嚴峻的挑戰又出現在他狀態最不佳的時候。一般來說，在沒有進入最佳的備戰狀態時，人們往往會喪失信心。

老劉曾經是雜技團的主力軍，憑著驚險的高空走鋼絲技藝而聲名遠揚。在離地五六公尺的鋼絲上，老劉可以赤腳穩穩的來回走。他技藝高超，身手靈活，不僅可以安全走過，還能從容在鋼絲上做出一些騰躍翻轉的動作。十多年來，無數次的表演，從來沒有發生過意外。

一次雜技團在去外地演出回來的路上，裝道具的卡車翻進了山溝，老劉那根保持平衡的長木棍也被折斷了。因為這根平衡木跟了他很長時間，所以團裡非常重視，不惜高價找來了粗細相同、長短一致、重量也一樣的木棍。

直到老劉覺得得心應手時，團長才請油漆匠為木棍刷上與以前那根木棍相同的藍白相間的顏色。

精彩的演出又開始了。在觀眾的陣陣掌聲中，老劉微笑著赤腳踏上鋼絲。助手遞給他那根藍白相間的長木棍。老劉從左端開始默數，數到第十個藍塊，左手握住，又從右端默數第十個藍塊，右手握緊，這是老劉最熟悉的手握距離。這樣合適的距離讓他心安。可是此時，老劉感到兩手間的距離比他以往的長度短了一些。他心裡猛然一驚，難道是有人將木棍截短了？不可能啊？！

老劉小心翼翼把兩手分別向左右移動，一直到適宜的距離才停住。他看了看，兩手都偏離了藍塊的中間位置。這樣一來使他對木棍產生了懷疑。

這時候，觀眾席上又一次爆發出雷鳴般的掌聲，當時的環境已經容不得老劉多想。他再一次握緊木棍，深呼吸，向鋼絲的中間走去。走了幾步後，老劉第一次沒了自信，手心有汗沁出。終於，在鋼絲中段做騰躍動作時，一個不留神，他從空中摔了下來，折斷了踝骨，表演被迫停止。

事後檢查，那根木棍長度並沒變，只是粗心的油漆匠將藍白色塊都增長了一毫米。

很多時候，我們的自信是受到條件限制的，當這種外在的條件不存在時，自信也會跟著一起消失不見。同時，自信也受習慣思維的影響，事物的表面現象有時左右著我們的固定思維，所以發生變化的不一定是事物最本質的東西。木棍的長度沒有變，但自信的距離改變了。這樣有條件的自信不是真正的自信，真正的自信是不會受外界所影響的。

事實上，在每一個成功者或巨富的背後，都有一股巨大的力量——自信的心態支持和推動著他們不斷向自己的目標邁進。這些成功的欲望和自信正是他們創造和擁有財富的源泉。

美國前總統雷根深知此道，從二十二歲到五十四歲，他從電台體育播音員到好萊塢明星，整整三十多年的歲月都在文藝圈裡度過。對從政，他是完全陌生的，更沒什麼經驗可談，但他卻立志要當總統。當共和黨內的保守派和一些富豪們竭力慫恿他競選加州州長時，雷根毅然決定放棄賴以為生的影視業，決心開闢人生的新領域。

在雷根如願以償當上州長問鼎白宮之前，曾與競爭對手卡特舉行過長達幾十分鐘的電視辯論。面對攝影機，雷根發揮出淋漓盡致的表演才能，時而微笑，時而妙語連珠，在億萬選民面前完全憑著當演員的本領，占盡上風。

相比之下，從政時間雖長，但缺少表演經歷的卡特卻顯得相形見絀。

自信之人，定有超乎常人的非凡之處，他們或才智超達，傲視群雄；或學業專精，無人能及。自信是從骨子裡帶出來的，真正的自信絕對不會因為外在形式的改變而消失，充滿自信的人總會以精神飽滿的狀態迎接每天的挑戰。而藉助外在條件使自己自信的人總有洩氣的一天，如果老劉本身自信心很強，他不會因為平衡木的細小變化而導致演砸的後果出現。自信不是運氣，而是靠平時的累積。

依靠自己，相信自己

自信是一種非常重要的心態，是一種自我肯定、自我鼓勵、堅信自己一定能成功的素養。沒有自信的人，就沒有生活的熱情和趣味，也就沒有探索拚搏的勇氣和力量。

著名發明家愛迪生曾說：「自信是成功的第一祕訣。」

一個人要想事業有成、做生活的強者，首先要敢想。連想都不敢想，當然談不上什麼成功了。

世界著名交響樂指揮家小澤征爾在一次歐洲指揮大賽的決賽中，按照評委會給他的樂譜指揮演奏時，發現有不和諧的地方。他認為是樂隊演奏錯了，就停下來重新演奏，但仍不如意。於是，他認為是樂譜錯了。這時，在場的作曲家和評委會的權威人士都鄭重說明樂譜沒有問題，而是小澤征爾的錯覺。面對著一批音樂大師和權威人士，他思考再三，突然大吼一聲：「不，一定是樂譜錯了！」話音剛落，評判台上立刻報以熱烈的掌聲。

原來，這是評委們精心設計的圈套，以此來檢驗指揮家們在發現樂譜錯誤並遭到權威人士「否定」的情況下，能否堅持自己的正確判斷。前兩位參賽者雖然也發現了問題，但終因趨同權威而遭淘汰。小澤征爾則不然，因此，他在這次指揮家大賽中摘取了桂冠。

與金錢、勢力、出身、親友相比，自信是更有力量的東西，是人們從事任何事業最可靠的資本。自信能排除各種障礙，克服種種困難，能使事業獲得完美的成功。自信者往往都承認自己的魅力和相信自己的能力，總是能夠大膽、沉著處理各種棘手的問題，從外表看去，他們都表現得比較開朗、活潑。

自信心強的人，做事總是很穩重。自信是一種動力，信心所給予生命的，不只是一種襯托、一種憑藉、一種支持，還是永遠的堅強和力量。有了自信，就不會在突發事件面前慌張，就不會懼怕挑戰，就能穩扎穩打完成自己的事業。

在心理學中有這樣一個著名的實驗。一個教育界的權威人士曾經把一個學習優秀的學生當作學習成績較差的學生來對待，而將一個成績不好的學生當優秀學生來教導。在期末考試的時候，情況發生了變化：本來是兩個成績相差甚遠的學生，在考試的平均成績上竟然相差無幾。

透過這個實驗，說明了自信心對一個人的影響。用對待好學生的態度來對待差學生，使學生的自信心得到鼓勵，因而讀書積極性大增；而原來的好學生受到教師懷疑態度的影響，信心受挫，致使讀書態度轉變，影響了學業成績。

「只要你真正相信自己並投入工作，就能衝破一切困難獲得成功。」

心理學家研究發現：自信是人們心中的明燈。正是如此，成大事者總是能走好明燈照亮的路，因為有了自信，他們就會比別人更早、更容易找到成功的鑰匙，自信成了他們成就大事的催化劑。

先相信自己，別人才會相信你

每個人身上都潛藏著巨大的能力，但並不是每個人都能發現並運用自己身上的潛能。許多人就是在默默無聞中葬送了自己的天賦，最終一事無成。

屠格涅夫說：「先相信你自己，然後別人才會相信你。」

人生就是一幅捲起來的畫卷，這畫卷永遠沒有盡頭，有的人向社會展示了幾張，就戛然而止；有的人卻展示了許許多多，而且還在不斷展示。開啟這畫卷的手就是一種心態——自信。自信心有多強，能力就有多強。

有這樣一個人，他發誓要尋找到一塊法力無邊的魔石，因為擁有了這塊魔石的人做什麼事都會成功。

於是，他跋山涉水，風餐露宿，一年又一年，他走過了很多村莊，走過了很多城市，問過了許許多多的人，但仍然沒有找到那塊法力無邊的魔石。

一天，他疲倦的在一口枯井旁睡著了，夢見自己找到了魔石，並把魔石藏在了心中。夢醒後，他便真的以為魔石鑽進了心中，於是，他不再疲倦，不再自卑，他對一切都充滿了信心，因為他相信魔石已經在他心中。從此以後，他每次遇到困難時總能想出辦法，總能克服困難，最後獲得成功。

其實，每個人的心中都藏著一塊法力無邊的魔石，它的名字就是自信。

羅傑．羅爾斯是美國紐約州歷史上第一位黑人州長。他出生在紐約一個聲名狼藉的貧民窟，從小就生活在一種骯髒的、充滿暴力的環境中。那麼，是什麼喚醒了他的能力而使他走出貧民窟，成為紐約州州長的呢？是信心！

一天，當羅傑．羅爾斯又像以前一樣從窗台上跳下來，伸著小手走向講台時，他的老師並沒有指責他，而是輕聲對他說：「我一看你修長的小拇指，就知道將來你一定是紐約州的州長。」

這位老師並不是一位高明的算命先生，他只是想透過這種方式來鼓勵這些貧民窟裡的孩子，為他們樹立信心。然而，這句話卻令羅爾斯大吃一驚，因為他長這麼大，只有奶奶讓他振奮過一次，說他可以成為五噸重小船的船長。這一次，老師竟說自己能成為紐約州的州長，難道真的會這樣嗎？這太令人振奮了。於是，羅爾斯記住了這句話，並對之充滿了信心。

信心激發出了羅爾斯的能力，從此，他的衣服不再沾滿泥土，說話時也不再夾雜汙言穢語，他開始挺直腰桿走路。在以後的四十多年間，他沒有一天不按州長的標準要求自己。

五十一歲那年，他終於成為了紐約州州長。他在就職演說中講了這樣幾句話．「信念值多少錢？信念是不值錢的，它有時甚至是一個善意的欺騙。然而，你一旦堅持下去，它就會迅速升值。」

這個故事告訴我們，信心雖然一文不值，雖然只是一種信念和心態，雖然只是一種精神狀態，但是它卻能把貶抑的自我提升起來，能把自身的潛能調動起來，去克服重重困難，最終走向成功。

有人說逆境中的人最容易自卑，這只是看到了事情的一面。其實逆境中的人也往往更容易獲得信心，因為逆境能讓人進一步體會出生命的價值和意義。雨果曾說：「人在逆境裡比在順境裡更能堅持不屈，遭厄運時比交好運時更容易保全身心。」

當一個人還是一個孩子的時候，如果父母一直在提醒他——你是天下最優秀的，你的失敗是暫時的，再做一次肯定會成功的，也要求孩子做錯了再做，直到成功，這無疑就培養了孩子的自信心。

克服自卑，看到自己的長處

古人云：「人之才能，自非聖賢，有所長必有所短，有所明必有所敝。」通往成功的道路上，完全不必為「自卑」而彷徨，只要把握好自己，成功的路就在腳下。

多幾年前，一個學生從一座鄉下考進了大學。

上學的第一天，與他鄰桌的女同學第一句話就問他：「你從哪裡來？」而這個問題正是他最忌諱的，因為在他的邏輯裡，出生於鄉下，就意味著小家子氣，沒見過世面，肯定被那些來自大城市的同學瞧不起。就因為這個女同學的問話，使他一個學期都不敢和同班的女同學說話，以致一個學期結束的時候，很多同班的女同學都不認識他！

很長一段時間，自卑的陰影都占據著他的心靈，最明顯的表現就是每次照相，他都要下意識戴上一個大墨鏡，以掩飾自己的內心。

多年前，另外一位女學生也在一所大學裡上學。

大部分日子，這位女學生也都在疑心、自卑中度過，她疑心同學們會在暗中嘲笑她，嫌她肥胖的樣子太難看。

她不敢穿裙子，不敢上體育課，大學結束的時候，她差點畢不了業，不是因為功課太差，而是因為她不敢參加體育長跑測試。老師說：「只要你跑了，不管多慢，都算你及格。」可她就是不跑，她想跟老師解釋，她不是在抗拒，而是因為恐慌，恐懼自己肥胖的身體跑起步來一定非常愚笨，一定會遭到同學們的嘲笑。可是，她連向老師解釋的勇氣也沒有，茫然不知所措，只能傻乎乎跟著老師走，老師回家做飯去了，她也跟著，最後老師煩了，勉強算她及格。

在後來的一次電視晚會上，她對他說：「要是那時候我們是同學，可能是永遠不會說話的兩個人。你會認為，人家是城市裡的姑娘，怎麼會看得起我呢？而我則會想，人家長得那麼帥，怎麼會看得上我呢？」

他後來成為著名節目主持人，經常對著無數電視觀眾侃侃而談，他主持節目讓人印象最深刻的特點就是從容自信。

她後來也成為著名節目主持人，而且是完全依靠才氣，而絲毫沒有憑藉外貌走電視台主持人職位的。

原來他們也會自卑，原來自卑是可以徹底擺脫的。

自卑是一種可怕的消極心態，懷有自卑情緒的人，往往遇事總認為「我不行」、「這事我做不了」、「這項工作超出了我的能力範圍」，沒有開始嘗試就對自己判了死刑。其實，任何人都無須自卑，每個人都有自己的特點，重要的是要認識到自身的優勢，所以，我們一定要克服自卑的情緒，只有這樣才能將自己塑造成為一個自信的人。

要克服自卑，首先要克服的是過分的自尊。

從心理學角度講，人在年輕時期思維敏捷，富於幻想，喜歡追求美好的東西，希望自己能夠成為最優秀的人。但是，由於本身的追求與實際能力之間存在著差距，有的人怕被別人發現自己的弱點，於是就形成一種心理上的自我保護。這種自我保護的表現就是不願意暴露自己的缺點，不願意與比自己優秀的人交往，更不願意聽到自己不如別人的話語，或者總說自己如何如何不行這樣的話。可是在實際中，他一旦發現自己確實有不如別人的時候，就可能會產生失望，由過分自尊一下子轉變為自卑，甚至自我封閉。

要克服自卑，就要看到自己的優點。

一般情況下，每個人都是根據他人對自己的評價和透過自己與他人比較來認識自己的長處和短處的。有的人，在與他人比較的過程中，多習慣用自己的短處與他人的長處相比較。結果，越比較越覺得自己不如人，越比越洩氣。只看到自己的不足，而忽視了自己的長處，久而久之就會產生自卑感。

要克服自卑，就要正視挫折。

有個大學三年級的女生，不漂亮，甚至還有點醜。她眼看著同班的女同學都有了男朋友，唯獨自己形影相弔，於是一個人便自卑起來，還常常悄悄掉眼淚。教心理學的老師覺察到了這件事，就假冒一個男生的名義，寫了封匿名的求愛信給她。

尊敬的××：

冒昧寫信給你，你不會紅顏大怒吧！

我一直在默默觀察著你很久了！你是個極有特色的好女孩——當你的女同學接二連三有了男朋友，你卻一如既往保持著女性的莊重，與你的女同學相比，你顯然比她們更有內涵，更有古典色彩，更有分量！因此，在我的心目中，你格外神聖、格外聖潔！自然，也正是因為你格外莊重、格外嚴謹，我才不敢放肆失禮——請恕我暫時不公開我的姓名，但我肯定會天天關注著你，在得到你的認可之前，就讓我從一個遙遠的地方，小心翼翼、滿懷希冀看著你吧！

沒有你，我將失望之極！

我堅信，在未來的期末考試中，你將凱歌高奏！

那時，請准許我真誠的為你高興，可以嗎？你那燦爛的天使般的笑，將使我變得格外歡欣鼓舞！

一個盼望著得到你的青睞的善良的男同學。

……

那原本自卑的女孩子自從收到了這封信，就恢復了勇氣和信心——她抬起了自己高貴的頭，她的步伐從此充滿了自信，她不再暗自垂淚，她奮發圖強，她的拚搏使人感動。到了年終，她以優秀的成績得到了全班同學的一致讚美！

愛情之所以偉大，是因為她不僅給你力量、給你自信，並在你不知不覺中改變你的一生。

心靈之所以要清洗，是因為不去清洗它就會留有油汙灰塵，只有經常擦洗，心靈才能永保金子般的光潔。

心理學家建議，自卑感強的人，不妨多做一些力所能及、有較大把握的事情。這些事情即使很不顯眼，也不要放棄爭取成功的機會。

擁有自信，就獲得了一半的成功

自信的心態能變被動為主動，由劣勢變為優勢，信心的力量是巨大的，有了自信，就有了頑強的精神和意志，就能戰勝自己、戰勝重重困難。

有一個名叫衛希的小孩，他出生後不久，醫生就告訴他的父親，衛希將會是一個終生聾啞的人，衛希的父親感到非常悲痛，他不肯接受這個無法改變的事實。

衛希的父親不想使兒子成為終生聾啞的人，他這個強烈的願望一秒鐘也沒有退卻過。他常常對兒子用「心傳心」的方式將自己的願望、自己的信念，傳遞給兒子，使其幼小的心靈充滿希望。

這種不肯向逆境妥協的信念，慢慢產生了一些小奇蹟。這位父親寫道：「當衛希逐漸長大，慢慢開始對周圍的事情產生興趣，我們發覺到他竟然有輕微的聽覺，雖然他沒有說話的跡象，這個發現已經給予我們莫大的希望。」

不久，更大的奇蹟開始出現了，他說：「我們買了一部留聲機。當衛希第一次聽到音樂時，他幾乎是完全陶醉在音樂的旋律裡，很快他就把這部機器獨占了。之後，我們發現一個奇怪的現象——小衛希把一張唱片放了又放，連續大約有兩個小時之久，而他就站在留聲機前面，痴痴用牙齒咬著留聲機箱子的邊緣。」

這個就是「骨頭引導」聲音的原理：小衛希利用牙齒與留聲機的接觸去「導引」聲波來「欣賞」音樂。

衛希擁有留聲機之後，他的父親發覺如果他以雙唇碰觸在他孩子的耳後頭蓋骨的基部上說話，衛希是可以聽得懂語言的！如此，衛希開始有了正常的語言能力，雖然他的聽覺仍然有著障礙。

衛希的父親，開始使用心靈的方法令兒子有說話的欲望，他在兒子睡前，敘說許多關於信心、想像力和如何改變自己命運的故事，令小衛希覺得自己是一個正常而奮發的孩子。他的父親說：「當衛希大約七歲的時候，他第一次表現出我們對他的『輸入』是奏效了，一連幾個月，他要求到外面去賣報紙，但是他母親對於他的要求始終不肯同意」。

「到最後，他就自己一個人去做這件事，某天下午，他從隔壁的鞋匠那裡借了一百元作為資本，然後把這些錢投資在報紙上，賣光後，連本帶利再一起投資，這樣反覆賣下去直到晚上，把款項清點，償還了借來的一百元後，淨賺三十五元。我和妻子晚上回家，發覺衛希已熟睡在床上，手裡還緊握這些錢。」

「他的母親弄開他的手掌，把錢幣拿開，傷心的哭了起來。她實在不該為兒子的第一次勝利而哭泣，我的反應剛好相反，我心滿意足笑了，因為我知道自己努力種植在這孩子心靈裡那顆自信的種子已經萌芽了。」

「他母親看到的是兒子的第一次商業冒險：一個耳聾的孩子到外面的大街小巷去冒生命危險賺錢；我看到的是一個勇敢、有抱負、滿懷自信的小商人：他自發性投資而又取得勝利。」

衛希完成了小學到大學的課程。除非他的老師對他大嚷，否則他是無法聽到老師的聲音——他是在一種極受限制的封閉式範圍內求學的，衛希不肯上聾啞學校，而他的父母也不允許他學習手語。因為父母覺得他必須過正常人的生活，和正常的小孩子一起——雖然這種決定令他們時常要和學校的人員爭辯。

當衛希在高中求學的時候，他曾試用過一種電力助聽器，但對他沒有多大作用。然而，在衛希大學畢業前的一個星期，發生了一件改變他一生的重要事件，成為他生命中的轉捩點。

某家工廠送給衛希一個新研製成功的「電力助聽器」，作為實驗產品。

當衛希把它戴在頭上接通電路時，突然之間，他好像被神祕力量擊中那樣，他一生追求的願望實現了：他第一次像其他人一樣，有了正常的聽覺！由於這助聽器所帶給他的是夢寐以求的轉變，衛希欣喜若狂，他衝向電話，立刻打電話給母親，想清清楚楚聽到母親的聲音。第二天，他在教室裡清晰聽到老師的聲音，並且無拘無束與同學交談！

對一個「普通人」來說，「聾而復聽」已是一件最美好的事，也算是一個結局。但衛希自幼在他父親的薰陶下，明白自信、創造與分享的重要，立刻將這個「克服殘障」的過程變為一種資產。

衛希寫了一封信給助聽器的製造商，很興奮的敘述他的經驗。他的真誠令製造商大為感動，他們邀請衛希到總公司去參觀工廠並和管理階層及工程師商談。

衛希用了整整一個月的時間，做一項透徹的研究，分析了助聽器製造商的銷售系統，並想辦法與全世界聽力有困難的人士取得聯繫。為了要跟他們一起來分享這個令聾者恢復聽力的發明，他草擬了一份宣傳推廣計畫，並獲得製造商的人力支持。

以後的日子，衛希為千千萬萬的聾人帶來了希望，也為他自己創造了一番事業，帶來了很可觀的財富。

也許你會問：到底衛希的父親是什麼人？他為什麼有這麼大的心靈力量與影響力可以將自己的信心輸入兒子的心靈？替兒子及千萬的殘障人士帶來新生？告訴大家：衛希的全名是布萊爾．希爾，他的父親就是《思考致富》的作者，是美國成功學始祖拿破崙．希爾。我們所說的自信，就是指要有充分相信自己並能夠根據預定的目的來支配和調節自己的言行，滿懷信心走向成功的心理素質。

一個有自信心的人在面臨一個問題時，自我激勵語句就會從潛意識心理跳躍到有意識的心理，尤其是對於那些掙扎在死亡線上的人們，這個自我暗示顯得尤為重要。

下意識心理能夠促使人們完成某種目標，如果你對你的下意識心理一再下命令，並且都是正面的指令，你的信心就會大增。如果你在心裡默念：「一天天，我在各方面都會越來越好。」這種自我暗示會帶給你非常有利的結果。

思考一下自己正負兩方面的思想，你會發現，自己最大的弱點是缺乏自信。這個弱點是可以藉助自我暗示的方法加以克服的。可以透過寫作、背誦和記憶的方式，把正面的思考表達出來，直到這種動力成為你潛意識中的一項機制。

人的心理所設想和相信的東西，人都可以用積極心態去獲得。

聖雄甘地所運用的潛力超出了同時代的任何人，但是，他從來沒有操縱過任何正常的權力工具，比如金錢、軍隊和武裝衝突。他沒有錢，沒有家，甚至沒有一件像樣的衣服，可他實實在在的擁有權力。他以自己對信心原則的理解創造了信心，並憑藉自己的能力，將這種信心植根於印度人民的心中。所以，只有信心，也只有信心，才會有這麼大的功能。

有了自信，就有了成功的可能

堅強的自信，是成功的源泉，無論才幹大小，天資高低，有了堅強的自信，就有了成功的可能。如果你去分析研究那些成就偉大事業的卓越人物的人格特質，就可以發現：這些卓越人物在開始做事之前，總是具有充分堅定的自信心，深信所從事的事業必能成功。這樣，在做事時他們就能付出全部的精力，克服一切艱難險阻，直到取得最終的成功。

一位母親第一次參加家長會，幼稚園的老師對她說：「你的兒子有多動症，在椅子上三分鐘都坐不了。」回家的路上，兒子問她老師都說了些什麼。她鼻子一酸，差點流下淚來。然而，她還是告訴兒子：「老師表揚你了，說寶寶原來在椅子上坐不了一分鐘，現在能坐三分鐘了。別的家長都非常羨慕媽媽，因為全班只有寶寶進步了。」那天晚上，她的兒子破天荒吃了兩碗飯，並且沒讓她餵。

在第二次家長會上，小學老師對她說：「全班五十名同學，這次數學考試，你的兒子排第四十九名。我們懷疑他智力有些障礙，您最好能帶他去醫院查一查。」回去的路上，她流淚了。然而，當回到家裡，看到誠惶誠恐的兒子，她又振作起精神說：「老師對你充滿信心。他說了，你並不是個笨孩子，只要能細心些，會超過你的同學。」說這話時，她發現兒子暗淡的眼神一下子充滿了光亮，沮喪的臉也一下子舒展開來。第二天上學，兒子起得比平時都要早。

孩子上了國中，又一次家長會。老師告訴她：「按照你兒子現在的成績，考高中有點危險。」她懷著驚喜的心情走出校門，告訴兒子：「班導對你非常滿意，他說，只要你努力，很有希望考上優秀的高中。」

高中畢業，兒子把一封印有知名大學的快遞交到她的手裡，邊哭邊說：「媽媽，我一直都知道我不是個聰明的孩子，是您……」這時，她悲喜交加，再也按捺不住十幾年來積聚在心中的淚水，任它滴落在手中的那個信封上。

自信是成功的力量，只要你相信自己能成功，並以這種自信的心態去追求你想擁有的東西，在奮鬥的過程中不怕艱苦、不怕失敗，總有一天，你的目標就會實現。常言道：世上無難事，只怕有心人。沒有翻不過的山，沒有過不了的河，只是因為不相信自己能力的人多了，世界上才有了「困難」這個詞。

一般人經常害怕被拒絕，害怕失敗。為什麼害怕？因為覺得自己不夠好，因為他不夠喜歡自己。如果讓你喜歡你自己，你必須重複念著：「我喜歡我自己，我喜歡我自己，我喜歡我自己，我是最棒的，我是最棒的。」

面對挫折、困境時，每個人都會有不同程度的失望，甚至會產生絕望的念頭，對生活失去信心，但成大事者總是設法將自己從這種落魄中拯救出來。

當你嘗試著選擇堅強、面對光明，陰影就會逐漸離你而去，一個在身處困境時仍能夠從能做到的事情出發、保持良好精神狀態的人，比那些一遇到挫折就灰心喪氣的人更容易取得成功。

當自身的條件不如別人的時候，要想有一番作為，更要努力挖掘其他人不具備的成功特質，以求找到突破的機會。

挫折是每個人的生活中不可避免的，一個人的生活目標越高，就越容易受挫折，挫折對弱者來說是人生的重大危機，而對強者來說則是獲得新生的絕好機會，他們會要求自己戰勝挫折，把自己鍛煉得更加成熟和堅強。如果說生命是一把披荊斬棘的「刀」，那麼挫折就是一塊不可缺少的「砥石」，為了使青春的「刀」更鋒利些，有志者應該勇敢面對挫折的磨煉。

每個人在一生中都會遇到各式各樣的困難和痛苦，它們既可能來自肉體，也可能潛伏在心靈深處，這時候你也許感到自己已經一無所有，只能等待失敗與死亡的來臨。成大事者卻說其實並不盡然，來臨的已成現實，而我們卻可以選擇，只有在精神上屹立、在思想上超脫，才可能從絕境中求得一線生機。

保持自我本色，做好你自己

我們每個人都是世上獨一無二的，你就是你自己，你無須按照他人的眼光和標準來評判甚至約束自己，你無須總是效仿他人。保持自我本色，這是最重要的一點。

加利福尼亞的歐蕾太太從小就非常害羞、非常敏感，她的體重過重，加上一張圓圓的臉，使她看起來更顯肥胖。她的媽媽十分守舊，認為歐蕾太太無須穿得那麼體面漂亮，只要寬鬆舒適就行了，所以，她一直穿著那些樸素寬鬆的衣服，從沒參加過什麼聚會，也從沒參與過什麼娛樂活動，即使入學以後，也不與其他小孩一起到戶外去活動。因為她害羞，而且已經到了無可救藥的程度，她常常覺得自己與眾不同，不受人群歡迎。

長大以後，歐蕾太太結婚了，嫁給了一個比她大好幾歲的男人，但她害羞的特點依然如故。夫家是個平穩、自信的家庭，他們的一切優點似乎在她身上都無法找到。生活在這樣的家庭之中，她總想盡力做得像他們一樣，但就是做不到。家裡人也想幫她從禁閉中解脫出來，但他們善意的行為反而使她更加封閉。她變得緊張易怒，躲開所有的朋友，甚至連聽到門鈴聲都感到害怕。她知道自己是個失敗者，但她不想讓丈夫發現。在公眾場合她總是試圖表現得十分快活，有時甚至表現得太過頭了，事後她又十分沮喪。因此她的生活中失去了快樂，她看不到生命的意義，於是只好想到自殺……」

後來，歐蕾太太並沒有自殺，那麼是什麼改變了這位不幸女子的命運呢？竟然是一段偶然的談話！

歐蕾太太在一本書中這樣寫道：

「這一段偶然的談話改變了我的整個人生。一天，婆婆談起她是如何把幾個孩子帶大的。她說：『無論發生什麼事，我都堅持讓他們秉持本色。』」

「『秉持本色』這句話像黑暗中的一道閃光照亮了我。我終於從困境中明白過來——原來我一直在勉強自己去充當一個不大適應的角色。一夜之間，我整個人就發生了改變，我開始讓自己學會秉持本色，並努力尋找自己的個性，盡力發現自己究竟是一個什麼樣的人。」

「我開始觀察自己的特徵，注意自己的外表、風度，挑選適合自己的服飾。我開始結交朋友，加入一些小組的活動，他們第一次安排我表演節目的時候，我簡直嚇壞了。但是，我每開一次口，就增加了一點勇氣。過了一段時間，我的身上終於發生了變化，現在，我感到快樂多了，這是我以前做夢也想不到的。」

「此後，我把這個經驗告訴孩子們，這是我經歷了多少痛苦才學習到的——無論發生什麼事，都要秉持自己的本色！」

我們選擇什麼，我們就會成為什麼樣的人，只要我們找到了我們適當的地方，我們就能克服一切的困難，達成我們的目標。但這一切都需要勇氣。

周圍的人可以作為評估自我意象的一個標準，我們會接近那些用我們自認應得的方式來對待我們的人。一個自我意象健康的人，會要求四周的人尊重他；這種人善待自己，並且讓身旁的人表示：這就是他希望被對待的榜樣。

如果你覺得自己很差勁，就會容忍所有的人踐踏你、貶視你。你心裡只有諸如此類的念頭：「我根本不算什麼」、「都怪我」或「我老是受這種待遇，說不定是我罪有應得。」

你也許要問：「我能忍受這樣多久？」

答案應是：「看你會輕視自己多久。」

別人只是依照我們對待自己的方式來對待我們。跟我們交往的人，很快就會知道我們是否尊重自己，只要我們尊重自己，別人就會如法炮製。

假設你負責照顧一個三個月大的嬰兒，餵食的時候，你是否會無條件餵哺這嬰兒？你當然會！你不會說：「聽著，小鬼！除非你做些聰明有趣的事。除非你坐起來，把二十六個字母背給我聽，或逗我笑，否則就不讓你喝奶！」你餵孩子是因為他該餵，他值得你愛他、照顧他、好好待他，他值得這一切，因為他跟你一樣，是人類的一分子。

你也值得這樣的對待，你自出生以來就具備這樣的資格，現在也依然未變。世上有太多人以為，除非自己又聰明、又英俊，領有高薪，而且比所有認得的人擅長運動、談吐幽默，否則就不配受人愛與尊重。

你值得讓人愛，讓人尊重，只因為你是你。

大多數的人都很少想到自己真正的內在美與內在的力量。你記得在看愛情片時，劇中男主角和女主角同甘共苦，為生活而奮鬥時，你為他們禱告，希望一切都順利。他去從軍，她離開家庭；他返鄉，她不見了；他找到她，她的哥哥卻要趕他走，她也要趕他走，而你一直都希望他們能永遠快樂生活在一起。電影結束時，他們終於結了婚，手牽手漫步在夕陽下。你擦乾眼淚，漫步走出電影院。

我們看這類電影時會流淚，因為我們真心關懷，我們愛、我們受傷，每個人都擁有一顆最真、最美、最單純的心，這分心情埋藏有多深，視一個人所受傷害有多深而定，但它確實存在於每個人的心裡。

我們看到世界各地災難或飢荒的新聞報導，內心都不由得感到痛楚。每個人對於如何幫助這些受苦的人，都有不同的主張，但每個人都一樣關心。這就是人性。

坦然面對挫折，帶著信念走向成功

盧梭有言：「信念，是抱著堅定不移的希望與信賴，奔赴偉大榮譽之路的熱烈感情。」的確如此，大千世界，古今中外，無論一艘船、一個人、一支球隊、一個組織，要創業、要前進、要實現奮鬥目標，要成就一番驚天動地的偉業，就要坦然面對困難與挫折，並在堅強信念的支撐下勇敢戰勝各種風浪、困難和艱險，最終一定能乘長風破萬里浪，駛向成功的彼岸。

美國曾經有一位名叫喬治的推銷員，成功把一把斧頭推銷給小布希總統。布魯金斯學會得知這一消息，把刻有「最偉大推銷員」的一隻金靴子贈予他。這是自一九七五年以來，該學會的一名學員成功把一台微型答錄機賣給尼克森後，又一學員登上如此高的門檻。

布魯金斯學會以培養世界上最傑出的推銷員著稱於世，它有一個傳統，在每期學員畢業時，設計一道最能展現推銷員能力的實習題，讓學生去完成。柯林頓當政期間，他們出了這麼一個題目：請把一條三角褲推銷給現任總統。八年間，有無數個學員為此絞盡腦汁，可是，最後都無功而返。柯林頓卸任後，布魯金斯學會把題目換成：請把一把斧頭推銷給小布希總統。

鑒於前八年的失敗與教訓，許多學員放棄了爭奪金靴子獎，少數學員甚至認為，這道畢業實習題會和柯林頓當政期間一樣毫無結果，因為現在的總統什麼都不缺少，再說即使缺少，也不需要他們親自購買。

然而，喬治卻做到了，並且沒有花多少功夫。一位記者在採訪他的時候，他是這樣說的：「我認為，把一把斧頭推銷給小布希總統是完全可能的，因為布希總統在德克薩斯州有一農場，裡面長著許多樹。於是我寫了一封信給他，說：『有一次，我有幸參觀您的農場，發現裡面長著許多大樹，有些已經死掉，木質已變得鬆軟。我想，您一定需要一把小斧頭，但是從您現在的體質來看，這種小斧頭顯然太輕，因此您仍然需要一把不甚鋒利的老斧頭。現在我這裡正好有一把這樣的斧頭，很適合砍伐枯樹。假若你有興趣的話，請按這封信所留的信箱，給予回覆……』最後他就匯給我了十五美元。」

喬治成功後，布魯金斯學會在表彰他的時候說：「金靴子獎已空置了二十六年，二十六年間，布魯金斯學會培養了數以萬計的推銷員，造就了數以百計的百萬富翁，這隻金靴子之所以沒有授予他們，是因為我們一直想尋找這麼一個人，這個人不因有人說某一目標不能實現而放棄，不因某件事情難以辦到而失去自信。」

不因為有人說某一目標不能實現而放棄，不因為某件事情難以辦到而失去自信，這是布魯金斯學會尋找的人才，同樣也是各行各業所需要的人才。

戰勝風浪，相信自己一定會爬起來

世上真不知有多少失敗者，只因沒有堅強的自信，他們所接觸的也無非是些心神不定、猶豫怯懦之輩，他們三心二意，永無決定事情的能力；他們自身明明有著一種成功的要素，卻被自己活生生推了出去。

他們應該不急躁、不懊惱、不輕易發怒，更不應該遇事遲疑不決，這些良好的品性，往往比焦心憂慮更容易解決許多困難。

噴泉的高度是無法超過它的源頭的，一個人做事也是一樣，他的成就絕不會超過自己所相信的程度。如果你已經有了適當的發展基礎，而且你知道自己的力量確能輕鬆戰勝困難，就應該立刻下定決心，不要再發生絲毫動搖，即使你遭遇一些困難和阻力，也千萬不要想到後退。

無論你現在處於一種什麼地步，千萬不要失去最可貴的自信力！你應該昂起頭，切勿被困難壓下去；你堅決的心，切勿被惡劣的環境所屈服。

你要做環境的主人，而不是環境的奴隸，你無時無刻不在改善你的境遇，無時無刻不在向著目標邁進。你應該堅決說：你全身的力量已經足以完成那件事情，絕不會有人來把你的這股力量搶去了。你應該從自己的個性改起，養成一種堅強有力的個性，把曾被你趕走的自信力和一切因此喪失的力量重新挽救回來。

有許多人對事業曾經失去過信心，但最後還是重新建立了自信，挽回了事業。世人應該保持這種價值連城的成功之寶，正如應該爭取高貴的名譽一般重要。

諾貝爾的成功就充分說明了這一點。

在諾貝爾的遺囑中，他將價值瑞典幣三十餘億克朗的財產，部分贈予親友，大部分留作基金，以基金的利息作為獎金，每年頒發一次，給予在物理、化學、生理和醫學、文學方面有貢獻的人，以及有效促進國際親善、廢除或裁減常備軍，對促進和平事業有貢獻的人。受獎人不受國籍限制，這就是自一九〇一年起頒發的舉世聞名的諾貝爾獎。

諾貝爾是因為發明了矽藻土炸藥的引爆裝置而獲得了巨額財富。

諾貝爾初次見到硝化甘油，是在聖彼德堡。當時，一個名叫西寧的教授拿硝化甘油給諾貝爾父子看，並放在鐵砧上錘擊，受錘擊的部分立即發生爆炸。這引起了諾貝爾極大的興趣。西寧教授說，如能想出切實的辦法，使它爆炸，在軍事上大有用處，從這以後，年輕的諾貝爾就對此念念不忘，力求完成這一發明。

諾貝爾經過長期思考和實踐，了解到要使硝化甘油爆炸，必須把它加熱到爆炸點或以重力衝擊。尋求一種安全的引爆裝置，正是諾貝爾為自己確定的課題。一八六二年五六月間，諾貝爾在聖彼德堡的實驗室裡，進行了第一次探索性的試驗。他先把硝化甘油封裝在玻璃管裡，再把玻璃管放進裝滿火藥的錫管裡，然後裝進導火管。裝好以後，諾貝爾兄弟三人一起來到水溝旁，將導火管點燃，丟入水中，結果，水花四濺，地面震動，爆炸力遠大於一般火藥，表明硝化甘油與火藥都已爆炸了。這是一次用較多的火藥引爆較少的硝化甘油的試驗，它的意義不在於實用，而在於第一次發現了引爆硝化甘油的原理。

自此以後，諾貝爾努力尋求硝化甘油爆炸的引爆物。這種引爆物的用量，當然應該遠小於硝化甘油，才有實際意義。他經歷了多次失敗，仍以頑強的毅力堅持試驗，以至於就連他的父親和哥哥都嘲笑他「固執」。

有一次，諾貝爾以為已經找到了引爆硝化甘油的辦法，滿懷信心試驗，他用一個小玻璃管，裡面裝滿火藥，與導火線接好後，浸入裝有硝化甘油的容器內，點燃後，他像一個放爆竹的孩子一樣期待著轟然一聲巨響。但是，玻璃管內的火藥爆炸卻未引燃硝化甘油。現在看來，這次失敗可能是偶然的。

引爆硝化甘油並不困難，然而，在歷史上諾貝爾確曾走過這樣的彎路。可貴的是，他遭到失敗而不急躁、不灰心。又經多次反覆試驗和細緻分析，他終於發現是由於玻璃管口沒有封緊，火藥不能炸碎玻璃管，沒有產生足以使硝化甘油爆炸的衝擊力和溫度。於是他用蠟將管口封死，終於獲得成功。

諾貝爾為自己定出了新的目標，試製一種兼有硝化甘油的爆炸威力和炸藥的安全性能的新品種。不久，堅硬的膠質炸藥和柔軟的可塑性極好的膠質炸藥相繼問世，它的爆炸效力高，價錢又比較便宜，它比硝化甘油有更大的爆炸力，而又具有更大的穩定性，點燃不至爆炸，浸水不會受潮。膠質炸藥很快在瑞士、法國、義大利的爆破工程中被廣泛採用，盛行起來。

諾貝爾是一個具有豐富想像力的人，他在各個科學技術領域，都以進取的姿態竭力發揮自己的才能，他往往同時從事好幾種研究，用他自己的話來說：「我的工作是間歇的，我將一件事放下，過一陣子又重新做起，我常常這樣。不過，凡是我認為可以得到最後成功的事，我總會做好。」

諾貝爾就是這樣，以頑強的意志和毅力，不怕失敗，不怕困難，最終取得了成功。

在實現夢想的征程中，誰都會遇到風浪，而只有戰勝風浪，才能「閒庭信步」，獲得勝利後的喜悅，取得最後的成功。

風險和利潤是成正比的，風險可以帶來效益

許多成功的人，並不一定比你「會」做，重要的是比你「敢」做。

一九六五年，一位韓國學生到劍橋大學主修心理學。在喝下午茶的時候，他常到學校的咖啡廳聽一些成功人士聊天。這些成功人士包括諾貝爾獎獲得者、某一些領域的學術權威和一些創造了經濟神話的人，這些人幽默風趣、舉重若輕，把自己的成功都看得非常自然和順理成章。時間長了，他發現，在韓國國內時，他被一些成功人士欺騙了，那些人為了讓正在創業的人知難而退，普遍把自己的創業艱辛誇大了，也就是說，他們在用自己的成功經歷嚇唬那些還沒有取得成功的人。

作為心理學系的學生，他認為很有必要對韓國成功人士的心態加以研究。一九七〇年，他把《成功並不像你想像的那麼難》作為畢業論文，提交給現代經濟心理學的創始人布雷登教授。布雷登教授讀後，大為驚喜，他認為這是個新發現，這種現象雖然在東方甚至在世界各地普遍存在，但至今還沒有一個人大膽提出來並加以研究。驚喜之餘，他寫信給他的劍橋校友——當時正坐在韓國政壇第一把交椅上的人——朴正熙。他在信中說：「我不敢說這部著作對你有多麼大的幫助，但我敢肯定它比你的任何一個政令都能產生震動。」

後來，這本書果然伴隨著韓國的經濟起飛了，這本書鼓舞了許多人，因為它從一個新的角

度告訴人們，成功與「勞其筋骨，餓其體膚」、「頭懸梁，錐刺股」沒有必然的聯繫。只要你對某一事業感興趣，長久堅持下去就會成功，因為上帝賦予你的時間和智慧夠你圓滿做完一件事情。後來，這位年輕人也獲得了成功，他成了韓國一家汽車公司的總裁。

很多事情並不是因為難而使我們不敢做，而是因為我們不敢去做而變得很難。許多人在還沒做一件事情以前就已經被嚇倒了，因為他聽到很多人都說難，他就相信這件事情真的很難，也就失去了努力的勇氣。

但他們從沒想過說這些話的人．也許都是一些膽小鬼或者不肯付出努力、不肯辛苦工作的人，也從沒想過自己會比說這些話的人要強，自己可能完全有能力超越別人，只是被別人盲目的言語嚇倒了。

一九五六年，五十八歲的哈默購買了西方石油公司，開始大做石油生意。石油是最能賺大錢的行業，也正因為最能賺錢，所以競爭尤為激烈。初涉石油領域的哈默要建立起自己的石油王國，無疑面臨著極大的競爭風險。

首先碰到的是油源問題。西方石油公司一九六〇年石油產量占美國總產量百分之三十八的德克薩斯州，已被幾家大石油公司壟斷，哈默無法插手；沙烏地阿拉伯是美國埃克森石油公司的天下，哈默難以染指。如何解決油源問題呢？一九六〇年，當花費了一百萬美元勘探基金而毫無結果時，哈默再一次冒險接受了一位青年地質學家的建議：舊金山以東一片被德士古石油公司放棄的地區，可能蘊藏著豐富的天然氣，並建議哈默的西方石油公司把它租下來。哈默千方百計從各方面籌集了一大筆資金，投入到這一冒險的勘探中，當鑽到八百六十英尺深時，終於鑽出了加利福尼亞州的第二大天然氣田。

事實告訴我們：風險和利潤的大小是成正比的，巨大的風險能帶來巨大的效益，與其不嘗試而失敗，不如嘗試了再失敗，不戰而敗如同運動員的競賽時棄權，是一種極端怯懦的行為。

作為一個成功的經營者，必須具備堅強的毅力，具備那種「拚著失敗也要試試看」的勇氣和膽略。當然，冒風險也並非鋌而走險，敢冒風險的勇氣和膽略是建立在對客觀現實的科學分析基礎之上的。順應客觀規律，加上主觀努力，力爭從風險中抓住機遇，獲得成功，是成功者必備的心理素質，這就是人們常說的膽與識相結合。

播下自信的種子，成功總會屬於你

自信源於人類操縱自己命運的能力——意識和潛意識，如果你心中播種的都是自信的種子，相信你總會獲得累累碩果的。

包玉剛就是以一條破船闖大海的成功者，當年曾引起不少人的嘲弄，包玉剛並不在乎別人的懷疑和嘲笑，他相信自己會成功，他抓住有利時機，正確決策，不斷發展壯大自己的事業，終於成為雄踞「世界船王」寶座的名人巨富。

他所創立的「環球航運集團」，在世界各地設有二十多家分公司，曾擁有兩百多艘載重量超過兩千萬噸的商船隊。他擁有的資產達五十億美元，曾位居香港十大財團的第三位。

包玉剛的平地崛起，令世界上許多大企業家為之震驚：他靠一條破船起家，經過無數次驚濤駭浪，度過一個又一個難關，終於建起了自己的王國，結束了洋人壟斷國際航運界的歷史。回顧一下他成功的道路，他在困難和挑戰面前所表現出的堅定信念，對我們每個人都有很大的啟發。

包玉剛不是航運家，他的父輩也沒有從事航運業的。中學畢業後，他當過學徒、夥計，後來又學做生意。三十歲時曾任銀行的副經理，並小有名氣。三十一歲時包玉剛隨全家遷到香港，他靠父親僅有的一點資金，從事進口貿易，但生意毫無起色。他拒絕了父親要他投身房地產的要求，表明了欲從事航運業的打算，因為航運業競爭激烈，風險極大，親朋好友紛紛勸阻他，以為他發瘋了。

但是包玉剛卻信心十足，他看好航運業並非異想天開，他根據在從事進出口貿易時獲得的資訊，堅信海運將會有很大發展前途。經過一番認真分析，他認為香港背靠大陸、通航世界，是商業貿易的集散地，其優越的地理環境有利於從事航運業。三十七歲的包玉剛正式決心從事海運，他確信自己能在大海上開創一番事業。

於是，他拋開了他所熟悉的銀行業、進口貿易，投身於他並不熟悉的航運業，當時，對於他這個窮得連一條舊船也買不起的外行，誰也不肯輕易把錢借給他，人們根本不相信他會成功。他四處借貸，但到處碰壁，儘管錢沒借到，但他經營航運的決心卻更加強了。後來，在一位朋友的幫助下，他終於貸款買來一條二十年航齡的燒煤舊船。從此，包玉剛就靠這條整修一新的破船，掛帆起錨，躋身於航運業了。

成功是產生在那些有了成功意識的人身上的，失敗則源於那些不自覺讓自己產生失敗意識的人身上，適時為自己建立一個有效的自我激勵體系，這樣往往會得到意想不到的快樂與收穫。

抬起頭，遠離自卑

常聽到別人說：「我很不自信，我常覺得自卑」。這樣一講，就已顯得底氣不足，如果再面臨強大的對手，就只能落荒而逃。

一個自信的人，他不會承認對手的強大，他更不會說：「我不自信！」相反，他常會說：

「我是最好的！我是最棒的！我是最優秀的！」

久而久之，他真的成了最好、最棒、最優秀的了！因為他以此為目標，不斷朝著這個目標前進，所以，他才不會回頭，他才不會猶豫和退縮。

不自認卑微，儘管你職務不高、薪水不多，可是，離開了工作職位，你和別人一樣，都是平等的，沒有什麼不同。對任何人，都用一樣的態度，而不必諂媚，不必刻意討好。對任何人都不卑不亢，你就是你，你不比任何人矮一截，大家在人格上都是平等的。

一個人貧窮點沒關係，地位低些也沒關係。這些都是外在的，是可以憑自己的努力改變的，或者說得極端些，不改變又怎麼樣呢？各人有各人的生活，只要不妨礙別人，不對不起別人，窮些苦些又怎麼樣呢？但如果一個人自輕自賤，那就麻煩了。一個自輕自賤的人，就算你的地位怎麼高，財富怎麼多，人家仍會覺得你有缺陷，仍會覺得你需要改變。當我們說一個人沒有出息的時候，主要不是說他沒有做出成就，沒有成家立業等，而是指那個人自輕自賤，自己看不起自己，自己打自己耳光，自己不給自己臉面。

而自輕自賤的孿生兄弟，就是自卑。自卑就是以別人的優點和自己的缺點作比較時得到的那種感覺，是一種自己感覺低人一等的慚愧、羞怯、畏縮，甚至灰心喪氣的情緒。有自卑感的人，常常輕視自己，總認為自己無法趕上別人，並因此而苦惱。

一個好端端的人，為什麼會自卑、會自輕自賤呢？美國心理學家的研究表明，兒童時期如果各項活動取得成績而得到老師、家長及同伴的認可、支持和讚許，便會增強他們的自信心、求知欲，內心獲得一種快樂和滿足，就會養成一種勤奮好學的良好習慣。相反，他們會產生一種受挫感和自卑感。這就是說，自卑感的形成主要是社會環境長期影響的結果。

俗話說「尺有所短，寸有所長」，「金無足赤，人無完人」。每個人都有長處與短處。如果只看短處不看長處，或者誇大短處縮小長處，則會形成自卑感。苛求自己沒有短處，這是不可能的。有時，某些短處甚至很難彌補，如身體的缺陷便是如此，積極的態度是揚長避短，以「長」補「短」。這一方面不行，也許另一方面比別人強。

比如，盲人阿炳，雖然失去視覺，但卻拉得一手好二胡，他不就是靠聽覺和觸覺來體驗、創造生活的嗎？

當認識到自己的短處時，可以設法彌補，或選擇更適合於自己的途徑發揮自己的長處，自卑的心理也就沒有立足之地了。

有一則這樣的故事：

一位考試失利的青年，感到十分失意，就騎著腳踏車在河堤上亂走，一不留神，車子歪了下去，險些撞著坐在堤下的一個老人。在向老人表示了歉意後，他沒有馬上走，而是坐在老人身邊。那是春天的一個上午，陽光明媚，清風徐來。草綠了，花開了，那些花兒，在遠遠近近的綠草間像星星一樣閃爍。無數老人、孩子在草裡徜徉，花裡漫步，也像春天的陽光一樣燦爛。只有這位青年感到例外。

那時候，失意就像春天的草一樣在他腦海裡蓬勃。很久以來，他看見一片落葉，便傷感，覺得自己也是一片落葉；他看見一片落花，也傷感，覺得自己是一片落花；看見流水，還是傷感，覺得自己的生命就在這平平淡淡中像水一樣流逝了。

老人看出了他的失意，跟他說起話來，老人說：「年輕人，怎麼這樣無精打采呢？」他當時手裡正纏著一根草，在老人問過後，他舉了舉那根草說：「我這輩子將像這根草一樣平凡。」老人沒做聲，只是靜靜看著他。

在老人的注視下他說了起來，他說：「我是一個很不幸的人，國中時因一場病休學一年。此後，讀書成績一直很差，勉強讀了高中後，又沒考上大學。」他又說：「一個人連大學都沒上過，毫無疑問是一個平凡的人，我這一輩子將在平凡中度過。但我不甘心，也不想成為一個平凡的人，我從小就立下志願，一定要讓自己的人生輝煌。」說到這裡，他流淚了，他心裡裝不下太多的失意，那些失意像洶湧的洪水，終於找到了缺口。

這時老人開口了，老人說：「你知道你手裡拿的是什麼草嗎？」

「不知道。」

「它是蒲公英。」

「這就是蒲公英嗎，我常在詩人筆下見到它，可它也很普通呀。」他說。

「你沒看見它開著花嗎？」

「看見了，一種小花，毫不起眼。」

「是不起眼，但它也可以輝煌。」

「在詩人的筆下？」

「不。」老人搖了搖頭，注視著他。

過了一會兒，老人站了起來，跟他說：「我帶你去看一個地方吧。」他聽從了老人的話，也站了起來。隨後，他跟著老人沿著那條河堤往遠處走去。

大約二十幾分鐘後，他看見了一個足以讓他一生都為之震撼的景致：那是一塊很大很大的河灘，有幾十畝甚至上百畝大，整個河灘上全是蒲公英，無邊無際。蒲公英開花了，那些毫不起眼的黃黃白白的小花，在陽光下泛著粼粼波光，那樣美，那樣爛漫，那樣妖嬈，那樣蔚為壯觀，炫目輝煌。一朵小花，也可以這樣輝煌嗎？他們再沒說話，就那樣佇立著，起風了，花兒輕輕向他湧來。他心裡一下子飄滿了那些美麗的蒲公英，忽然覺得自己也是一朵蒲公英了！

從那以後，那漫無邊際的蒲公英一直在他眼裡爛漫著，他仿佛從那裡看見了自己，他同時也深深懂得了平凡的人生也可能充滿著不平凡的道理。

當然，對於人生來說，一種充實有益的生活，本質並不是競爭性的，一個人不必把奪取第一看得高於一切，它只是個人對自我發展和幸福美好的生活追求而已。那些每天一早來到街頭公園練武打拳、練健美操、跳舞的人們，那些只要有空就練習書法繪畫、設計服裝和唱戲奏樂的人們，根本不在意別人對他們姿態和成果品頭論足，也不會因沒人叫好或有人挑剔就停止練習、情緒消沉。他們的主要目的不在於當眾展示、參賽獲獎，而是自得其樂、自有收益，滿足自己對生活美和藝術美的渴求。

相信自己，你就能成功

成功意味著許多美好、積極的事物。成功是人生的發展目標。

人人都希望成功，每個人都想獲得一些美好的事物。每個人都希望自己是自己人生的主宰，沒有人喜歡巴結別人，沒有人喜歡過一種平庸的生活，也沒有人喜歡自己被迫進入某種狀態。

人生最實用的成功經驗，就是「堅定不移的相信自己能夠移山」，可是，在我們的生活中，真正相信自己能移山的人並不多，而真正移山的人就更少了。

可能你會說，我很勤奮，但就是對自己缺乏信心，不相信自己能夠成功。的確，這是一種消極的力量。當你心裡不以為然或懷疑時，就會想出各種理由來支持你的「不相信」。懷疑、不相信，潛意識要失敗的心理傾向，以及不是很想成功的心態，都是失敗的主要原因。

那麼，在生活中，如何培養你的自信心呢？

在聚會、開會等場合，你要專挑前面的位子坐。可能你已經注意到，在上述場合，後面的位子總是最先被坐滿。大部分占據後排座位的人，都希望自己不會太顯眼，而他們怕受人注目的原因就是缺乏自信心，坐在前排能建立你的信心，你可以把它當成一個規則試試看，從現在開始就盡量往前排坐。坐前排是比較顯眼，但成功何嘗不是一種顯眼呢？

練習用你的目光正視別人。眼睛是心靈的窗戶，一個人的眼神可以透露出許多有關他精神世界的資訊。面對一個不敢正視你的人，你可能就會問自己：他想隱瞞什麼呢，他怕什麼呢，他會對我不利嗎？如果你不正視別人，你的眼神就意味著：在你旁邊我感到很自卑；我感到我不如你；我怕你。而如果總是躲閃別人的眼神則更糟，它通常告訴別人：我有罪惡感；我做了或想了我不希望你知道的事情；我怕一接觸你的眼神，你就會看穿我。但是，如果你正視別人，就等於告訴他：我很誠實，而且光明磊落，正所謂「君子坦蕩蕩」。

把你走路的速度加快百分之二十五。心理學家將懶散的姿勢、緩慢的步伐跟對自己、對工作以及對別人的不愉快感受聯繫在一起。但是，姿勢和速度可以改變，你可以藉著這種改變，改變你自己的心理狀態。如果你仔細觀察會發現，身體語言是心靈活動的結果，那些屢遭打擊、被排斥的人，連走路都拖拖拉拉，完全沒有自信心。所以，使用這種加快百分之二十五的方法，抬頭挺胸走會好一點，你就會感到你的自信心在滋長。

經常練習當眾發言。在生活中，你會發現，有許多思路敏捷、天資很高的人，卻無法發揮他們的長處參與討論，不是他們不想參與，而是因為他們缺少信心。盡量當眾發言，就會增加信心，下次發言就更容易一些。所以，從現在開始，你不要放過任何一個發言的機會，不要懷疑自己，你的發言的確很精彩。

經常性放聲大笑。笑能給予自己很實際的推動力，它是醫治信心不足的一副良藥，不僅如此，笑還可以化解別人的敵對情緒。放聲大笑，你會覺得好日子又來了。現在，你就放聲大笑一次，然後體會一下其中的滋味。

在日本，某味精公司的社長對全體工作人員下達了「成倍增長味精銷售量，不拘什麼意見都可提，每人必須提一個以上建議」的命令。

於是，營業部門考慮營業部門的建議，宣傳工作琢磨宣傳工作的，生產部門打算生產部門的，大家紛紛提出銷售獎勵政策、引人注目的廣告、改變瓶裝的形狀等等方案。

然而，一位女員工卻苦於提不出任何建議來。她本想以「無論如何也想不出」為由而拒絕參加，但考慮到這是社長的命令，並且言明不拘什麼建議都可以，所以她覺得提不出建議有些不合適。

就在這當中，某日晚飯時，她想往菜上撒調味粉，由於調味粉受潮而撒不出來，她的兒子不自覺將筷子捅進瓶口的窟窿裡，用力往上攪，於是調味粉立時撒了下來。

在一旁看著的女員工的母親對女兒說：「如果你提不出社長讓提的建議，你把這個拿去試試看。」

「這個？」

「把瓶口開大呀！」

「這樣的提案！」女員工本來有些不以為然，但是又無其它建議可提，於是就提出了把味精瓶口擴大一倍的提案。

審核的結果出人意料。女員工提出的建議竟進入十五件得獎提案之中，領得獎金三萬日元。而且此提案付諸實施後，銷售額倍增，為此，女員工又破例從社長那裡領取了特別獎。

受寵若驚的女員工想：「出主意，出主意，原來以為很難，沒料到這樣的提案竟然也得了獎。像這樣的提案，一天能提上兩三個。」

上述的這位日本女員工，與其說是透過這次的提議獲得了三萬日元的獎勵，還不如說透過這次提議而獲得了一種自信心。我們可以設想，等以後公司再有這樣的活動時，這位日本女員工絕對不會再說自己沒有任何提議了，她會成為一個提議專家，她說不定會因此而成為一個成功的人。

人的自信心就是如此重要，它會使一個普普通通的人成為一個事業上成功的發展者。

第六個行為習慣　具備勇於創新的習慣

世間沒有什麼東西是靜止不前的，世易時移，我們的思維習慣也要跟著改變才能趕上時代的潮流。俗話說：窮則變，變則通。當路走不通時，不要再一味頑固，而要學會改變，只有學會改變並具備創新習慣的人，才能登上人生成功的巔峰。

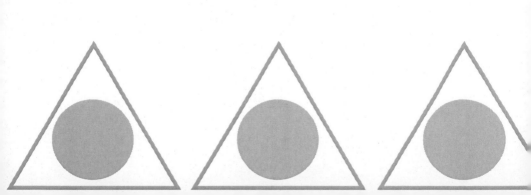

變則通，通則靈

在人生的每一個關鍵時刻，要審慎運用智慧，做最正確的判斷，選擇正確方向，同時別忘了及時檢查自己選擇的角度，適時調整。放掉無謂的固執，冷靜用開放的心胸做正確抉擇。每次正確無誤的抉擇將指引你走向通往成功的坦途。

在很多時候，由於種種原因，人們的目標和思維會使自己處於一個兩難的境地，這時，最明智的做法是窮則思變，變則通，及時抽身而退，去開闢其他研究方向，尋找新的成功契機。

牛頓早年就是永動機的追隨者。在大量的實驗失敗之後，他很失望，但他很明智的退出了對永動機的研究，在力學研究中投入更大的精力。最終，許多永動機的研究者默默無聞而終，而牛頓卻跳出了這無謂的研究，在其他方面脫穎而出。

當你確定了目標以後，下一步便是要審慎鑑定自己的目標，或者說確定自己所希望達到的領域。如果你決心做一下改變，就必須考慮到改變後是什麼樣子；如果你決定解決某一問題，就必須考慮到解決問題中可能遇到的困難是什麼。

當描述了理想的目標以後，你必須研究一下達到該目標所需的時間、財力、人力的花費是多少，你的選擇、途徑和方法只有經過檢驗，方能估量出目標的現實性，你或許會發現自己的目標是可行的，否則，你就要量力而行，修改自己的目標。

現在有許多滿懷雄心壯志的人毅力很堅強，但是由於不會做新的嘗試，因而無法成功。請你堅持你的目標吧，不要猶豫不前，但也不能太生硬，不知變通，如果你的確感到沒辦法的話，就嘗試另一種方式吧。

許多成功人士一生不敗，關鍵就在於活用了為人處事的變通之道，進退之時，俯仰之間，都超人一等，讓左右暗自佩服，以之為師。

學會為人處世變通之道是決定你能否從人群中挺立起來的第一關鍵；反之，凡不知為人處世變通之道者，一定會在許多重要時刻碰得頭破血流，跌入失敗之境。

兩個探險家在林中狩獵時，一頭兇猛的獅子突然跳到他們面前。「保持鎮靜」，第一個探險家悄悄說，「你還記得我們看過的那本關於野生動物的書嗎？那書上說，如果你非常冷靜站著別動，兩眼緊盯著獅子的眼睛，那牠就會轉身跑開的。」

「書上是那麼寫的，」他的同伴說，「你看過這本書，我也看過，可這頭獅子看過嗎？」

如果這兩個探險家真的兩眼緊盯著獅子的眼睛的話，後果肯定只有一個。因此從這個故事中我們知道，無論是學習、做人還是做事都應該學會應變，學會變通，不可太形而上學。

如果學會變通，遇到事情時對自己說「總會有別的辦法可以辦到」，那麼，做事就會更順利。

現在每年有許多家新公司獲准成立，可是幾年以後，只有一小部分仍然繼續營運。那些半路退出的人會這麼說：「競爭實在是太激烈了，只好退出為妙。」其實，失敗固然有種種理由，但根本的一條是鑽進了困難的牛角尖而不知自拔，在困惑的黑暗中找不到解決問題的方法。而成功者的祕訣往往是隨時檢查自己的選擇是否正確，然後合理性調整目標，放棄無謂的固執，然後輕輕鬆鬆走向目標。這也就是所謂的變通是成功路上的一條捷徑。

如果一味的堅持，而不去檢查自己的想法到底是否是正確的，那麼這個堅持即是無謂的執著，是不知變通的愚昧，因此，當我們在工作和生活中處理這類事件時，一定要知難而退，見好就收，不做無謂的犧牲，因為錯誤的決定，只能讓你南轅而北轍，離真理之路越來越遠，即使是付出百倍的艱辛，也很難達到目標。

放下固有的思維模式，創意思考

絕大多數人一遇到困難，還未曾仔細思量這個困難的程度到底如何，就預先在自己心底放下了柵欄，一旦柵欄放下之後，再想跨越就不是這麼簡單的事了。遇到阻礙時，只要找出問題真正的關鍵所在，就可以輕易征服它。

其實跨越柵欄，並不是一件很簡單的事，尤其是要跨越思想上的柵欄。要想創意思考，你首先必須徹底拋棄舊習，拒絕維持現狀。事不分大小，從變換午餐的新花樣到測試公司由來已久的問題解決方案，都可以有變化。換句話說，有創意的人願意接受風險，如果不冒一些風險、不跌幾次跤，就不可能有所進步。

遇到阻礙時，應該仔細反轉、推敲思考，找出問題真正的關鍵所在，在不為人知的一個角落裡，永遠藏著一個通向光明的出口，等待聰明人去發現。

固有的思維模式和思維習慣有可能會在們心裡製造更高的柵欄，就像今天有成千上萬的推銷人員徘徊在路上，疲憊，消極，收入不足。於是有太多的人抱著希望踏進來，又有大批的人帶著失望走出去。為什麼？因為他們所想的一直是他們所要的，而不是讓大家知道他的服務或商品將如何能幫助民眾解決問題，為民眾帶來方便。於是，當第一次碰到挫折的時候也許覺得沒什麼，第二次、第三次碰到挫折的時候，他就會想懷疑自己是不是真的能做好推銷工作，於是當他第四次去推銷的時候，他事先已經在心裡為自己設置了一個心理的柵欄，那麼他絕不可能成功，因為他無法跨越心裡的障礙。因此我們要學會換一種角度看事情，出現了問題要試著打破固有的思維模式，換位思考，也許會有新的發現，找到成功的突破點。

有一個男孩，體重不足，卻拒絕良好的飲食，父母對他毫無辦法。父親最後對自己說：「這個孩子要的是什麼？我怎樣才能把我所要的變成他所要的？」

當他開始往這方面想時，事情就容易了。這個孩子有一部三輪車，喜歡在家門口的人行道上騎來騎去，附近住著一個大男孩，常常把他拉下，把車搶去騎。每當小男孩哭叫著跑回去告訴他母親，她就會立刻出來，把那個大孩子拉下來，把他的小孩再抱上去。小孩要的是什麼？這不是很明顯嗎？他的自尊、他的憤怒，驅使他採取報復行動。而當他父親告訴他說，有一天他可以把那個大男孩打得落花流水時，他就不再偏食了，他願意吃菠菜、鹹魚及任何東西，以便快點長大，把那個常羞辱他的小霸王痛揍一頓。

只要你設定這樣的思路，打破固有思維帶給你的柵欄，那麼機會也許就會在不經意間惠顧你。

思路決定出路，思考是人生最大的財富

思路決定出路，思考是人生最大的財富。學會思考，就能找到人生新的起點；學會思考，學會創新，成功就會向你走來。

平庸者往往順從自己由來已久的慣性思維，頭腦受到太多的局限，因此永不能掙脫條條框框的羈絆，一生受貧窮困擾；成功者在現實生活中能掙脫習慣性思維的束縛，讓思想自由馳騁，學會了不斷創新，最終取得非凡的成績。只有學會了思考、學會了創新，打破常規，才能

讓不利的條件變成有利的條件，才能變被動為主動，才能取得成功。

華若德克有一次帶領屬下參加在休斯頓舉行的美國商品展覽會，令他感到懊喪的是，他被分配到一個極為偏僻的角落，而這個角落是很少有人光顧的。為他設計攤位布置的裝飾工程師勸他乾脆放棄這個攤位，認為在這種情況下要銷售成功是不可能的，唯一辦法只有等待來年再參加商品展覽會。

沉思良久，他覺得自己若放棄這一機會實在太可惜，而這個不好的地理位置帶給他的厄運也不是不能化解，關鍵就在於自己怎樣利用這不好的環境使之變成整個展會的焦點。他覺得改變這種厄運需要一種出奇制勝的策略，可是怎樣才能出奇制勝呢？他陷入了深深的思考。他想到了自己創業的艱辛，想到了展覽會的組委會對自己的排斥和冷眼，想到了攤位的偏僻，在他心中突然想到了偏遠的非洲，自己就像非洲人一樣受到不應有的歧視。第二天，他走到了自己的攤位前，心裡充滿悲哀又有些激奮，心想既然你們把我看成非洲難民，那我就打扮一回非洲難民，於是一個計畫就產生了。

華若德克讓他的設計師幫他設計了一個古阿拉伯宮殿式的氛圍，圍繞著攤位布滿了具有濃郁非洲風情的裝飾物，把攤位前的那一條荒涼的大路變成了黃澄澄的沙漠，他安排雇來的人穿上非洲人的服裝，並且特地雇用動物園的雙峰駱駝來運輸貨物，此外還派人定做大批氣球，準備在展覽會上用。還沒到開幕式，這個與眾不同的裝飾就引起了人們的好奇，不少媒體都報導了這一新穎的設計，市民們都盼望開幕式盡快到來以一睹為快。

展覽會開幕那天，華若德克揮揮手，頓時展廳裡升起無數的彩色氣球，氣球升空不久自行爆炸，落下無數的膠片，上面寫著：「當你拾起這小小的膠片時，親愛的女士和先生，你的運氣就開始了，我們衷心祝賀你。請到華若德克的攤位，接受來自遙遠的非洲的禮物。」這無數的碎片灑落在熱鬧的展覽會場，當然華若德克也因此奇特的改變與創新取得了巨大的成功。

很多事情從常規思維角度來看是辦不到、不可能實現的，但是從發散思維角度去思考，往往辦不成的事就能辦成，不可能實現的目標最終也會實現。華若德克的故事告訴人們創新來自於不受局限的自由幻想，它可以幫助我們以一種嶄新的、與以往不同的方式來看待事物之間的關係，並且使習慣的思維方式成為助益而非傷害。在很多情況下，看上去無關的事物，卻能提供人們對問題的領悟和答案。飛機外形的設計就來源於人們對飛鳥的觀察；潛水艇的外形很像是海豚；雷達來自於蝙蝠的知覺給人類的啟發；皮下注射針像響尾蛇的牙……這一切都是很好的證明。

不管你從事的是哪一個行業，幸運之神都偏愛會思考、有創新精神的人。思考能使人不斷進步，創新能使你的事業再上一個巔峰，與眾不同的創新個性能使你成為眾人的靈魂。因此，從現在起培養你的不斷思考、敢於創新的習慣，從生活中的點點滴滴開始培養，那麼你遠大目標的實現會自然而然水到渠成。

突破限制，發揮你的想像力

想像是在原有感性形象的基礎上在頭腦中創造新形象的過程，想像可使人的認識超出時空與具體條件的限制，拓展和豐富人們的精神世界。合理的想像可能會扭轉局面，讓天空亮起來。

一家百貨商場，雖地處鬧市中心，地理位置也不錯，但總是門外車馬喧囔，而店內冷冷清清，許多人都是從店門前的大街上匆匆而過，很少有人進店駐足。沒有顧客，商場的生意就一直很清淡，經理對此一籌莫展。一次，經理的朋友偶然路過商場，聽經理嘆息著說了商場的慘澹經營後，朋友沉思良久，笑著對經理說：「要讓過往行人都能到你店裡來看看並不難，有一面鏡子就行了。」

經理半信半疑，但還是按照朋友的吩咐，在臨街的牆上裝上了一面幾個平方公尺的鏡子。鏡子的上方，用紅紙貼了一行大字：朋友，請注意您的儀容！鏡子的下方貼了一行小字：店內備有免費的木梳。

當許多人又從商場門前經過時，會不由自主走到鏡子前照一照，然後就走進了商場梳理頭髮，如果需要擦鞋油，鞋刷備有十幾把，可以免費使用，但各種鞋油卻在櫃檯上銷售。

商場內的人一下子擁擠起來，有買鞋油就地擦鞋的，有買髮膠就地梳理頭髮的，有買口紅對著店裡的鏡子塗抹的，當然，店內的護膚品、日用小百貨等也銷量激增，商場的生意一下子就火爆了起來。一面鏡子，就把匆匆而來的路人「照成」了店內購物的顧客，就這麼簡單。

其實，對於商家來說，攬客的方法就是這樣：讓人知道自己缺什麼，然後，讓他主動去選擇。這樣比強加給顧客手上的宣傳單更有效。

愛因斯坦說：「想像力比知識更重要，因為知識是有限的，而想像力概括著世界上的一切，推動著進步，並且是知識進化的源泉，嚴格來說，想像力是科學研究中的實在因素。」

然而，想像力也不是憑空亂想，心理學告訴我們想像的源泉是客觀現實，想像的內容是客觀現實的反映，而合理想像的方法更是成功的關鍵。

方法一般來說分為以下幾個層級：一是方法論基礎，這是取得科學管理方法的哲學依據；二是基本的管理方法，這是主要解決各種問題、認識各種事物的一種方法，如，思維方法、預測方法、理論聯繫實際的方法；三是具體的管理方法，它是在某一時期或某一階段解決某種具體問題所使用的方法，如，行政方法、經濟方法、企業管理方法等；四是操作性的管理方法，它是指為順利實現目標而採取的各種活動技巧與技術，如，評估技術、統計技術、電腦應用技術等。可見，方法具有層級之分，不同的工作要採用不同的方法，越接觸實際，方法越具體越生動、越豐富多彩。這裡為你講述一個行銷的例子：

司迪麥口香糖是一個十分成功的行銷案例。在各媒體廣告處處都可以看到，司迪麥以逆向思維的突破觀念，創造出極為怪異而且有顛覆意味的廣告手法——「我有話要說」，對新人類展開尋求認同的猛烈攻勢。這個在臺灣媒體廣告上從未出現過的新手法，立即將司迪麥的銷量推上了高峰，不但打響了司迪麥的知名度，也將這個新產品成功推入了市場。

這就是在人們常規的思路基礎上加上合理的想像，最終取得了成功。如果現在的行銷人員能不時訓練自己，時常活用逆向的思維方法，就能夠靈活運用行銷戰略的技巧，將行銷業務順利往前推展。

時常有人認為所謂創意只不過是靈光一現，這是錯誤的觀念，要經常且隨時不斷練習運用逆向的多元性思考能力，看待事情不能只從一個角度分析，養成了習慣之後，就隨時會有潛在意識的能力展現，就像是一束鐳射光，在一個球體裡外、上下毫無拘束穿梭，讓你在行銷的時候得心應手，無往不利。

其實不光是在行銷領域，在各行各業，只要你讓想像的翅膀飛起來，都會有不俗的表現和成功。

那麼怎麼才能讓我們打破陳規，讓我們的想像飛起來呢？其實想像有時就是這樣，對於特定的問題，集中注意力，並且從各種角度去探討，盡量讓想像力「飛躍」起來。起初，你會覺得幼稚、可笑，但是仔細總結之後，又會發現新的東西。

「非常好的決策方式」，往往是從精神遊戲產生出來的，不過，重要的一點，就是片刻不離問題的核心。要讓思考力活躍的另一途徑，就是面對問題，閱讀各種參考書籍，然後再對問題，探討有關聯的各種問題。

如果滿足於現狀，如何能有所改善呢？時常訓練自己，用批判性的眼光來觀察，想要做這種訓練，就要對於自己所做的事，都以「疑問」的眼光來看，尤其是對於慣例，「認為當然的事」，更要以存有疑問的態度去思索。

雖要事事存疑，但對於旁人的新構想，不要一味挑剔，應該與對方一起討論、研究，並且積極參與。這麼一來，原本不太實用的想像，也會產生意想不到的效果。不要對任何想像加以否定，沒有思考、沒有檢驗、沒有實踐，就沒有發言權。

改變不了世界，就必須改變自己

人生之路千萬條，要想取得事業上的輝煌，向自己的目標進發，就必須大膽、多方位探索，不盲從、不隨俗，要捨棄傳統思維方式中錯誤的、陳腐的東西，要以全新的角度，去解決目標所遇到的問題。當改變不了這個世界的時候，就必須克服困難改變自己。用星巴克的一個例子來看：

近些年，星巴克把他的觸角伸到了世界各地，但是作為咖啡店來講，想大範圍推廣是非常困難的，但有困難不可怕，怕的就是固守陳規，按照常規的思維去辦事。然而恰恰星巴克沒有這樣，他們憑藉企業獨創性的思維和獨特的經營方式，取得了良好的效益，並迅速搶占了咖啡店在世界的市場。

其實即使是同一種的咖啡，如果調製比例不同，其味道也會有差異。不同的咖啡調製師做出來的咖啡，味道也不盡相同。從某種程度上說，咖啡的調製是有特定方法的，但是一般來講，咖啡調製時都是根據自己的經驗和感覺來調製，因此想要咖啡的味道達到標準化，有很大的困難。就算在同一家咖啡店，不同的咖啡調製師做出來的咖啡味道也有可能不同，更何況要讓那麼多家店的咖啡都保持同一種味道，其難度可想而知。

在同一品牌的咖啡店，點同一種咖啡卻喝出不同的味道，自然就會有顧客對此表示不滿。

為了誠懇接受顧客提出的寶貴意見，進一步改善咖啡味道的標準化體系，星巴克想出了在咖啡杯上標出原料配比刻度的好辦法。於是在星巴克，他們推出了不同於其他咖啡店的、有綠色刻度的標準咖啡杯，一進入市場就贏得了成功。只要有了刻度，咖啡調製師就可以按照尺規調製咖啡，而咖啡的味道的標準化自然就能實現。例如在調製冰咖啡時，第一標線是牛奶，第二標線是咖啡，最後是冰塊，等等。

標有刻度的杯子是其他任何店都沒有的，是星巴克獨一無二的設想，因為有了這個辦法，世界各地的咖啡店調製出的咖啡味道都能達到一致的目標才得以實現，顧客無論在哪裡都能品嘗到自己喜愛的同一口味的咖啡。

想讓商品暢銷，就必須致力於開發顧客需要的產品，而不是改變顧客的態度和口味，而作為企業應該從產品策劃階段就開始聽取消費者的建議，並且採取積極行動，組成創意開發團隊，用心研究消費者的喜好。

正如星巴克董事長所說：「我們喜歡打破常規。」舒爾茨很清楚認識到，雖然星巴克現在處於領先位置，但是要保持領先，就必須不斷創新，堅持投顧客所好，這樣才能創造良好的業績。事實上星巴克也的確是這樣做的，所以他們成功了。而麥當勞之所以能從小規模的私營企業發展成今天規模如此龐大的成功的大型跨國企業，正是因為在激烈的競爭中擁有自己獨創性的產品和服務標準。因此，不能盲目跟著別人走，而應該另闢蹊徑去打開世界市場。

而對於個人來講，在探索問題時，要捨棄傳統思維方式中錯誤的、陳腐的東西捨棄，不可一條道走到黑。

對於無法實現的目標，改變已是不可能了，但這並不意味著絕路，此時，請你嘗試著改變自己，這也就是所謂的運用逆向思維來解決問題。所謂逆向思維，就是突破傳統性思維方式，對事對物反過來想一想，以達到創造機會的目的。所以有逆向性思維的人，在生活中的表現常常令人稱奇，「他為什麼會想到這樣做呢？」

相傳北宋史學家司馬光，童年時代就常常表現出聰明過人的一面。有一天，司馬光和許多小孩一起在一個大花園中玩耍，有一個小孩在爬假山時，腳下一滑，跌進了假山下一口有大人高的、盛滿水的大缸中。別的孩子一見，個個驚慌失措，呼叫著四散而逃。而司馬光見狀，卻不慌不忙，搬起一塊大石頭，狠命朝大水缸砸了過去。水缸被砸破了，水嘩嘩流光了，落水孩子終於得救了。

按照通常的做法，小孩落水，都是採用從水中將之抱起來的「傳統救法」，而司馬光卻一反常規，用砸缸救人的辦法救出了小孩。因為根據當時情況，還沒有人能一下子從大花缸裡抱起落水的孩子，雖然花缸被砸破了，但卻達到了迅速救人的目的。司馬光採取這種救人方法就是依靠逆向思維來完成的。

人有逆向思維是很正常的，每個人的生命開始，都是頭向下出來的，因此人類擁有逆向思維也是順理成章的，從反方向思考，或把問題顛倒過來看一看，往往能出現別有一番洞天的見解，這種事例在日常生活和工作中很多，由於它能出奇制勝，靈活多變，「反其道而思之」，結果是取得意料不到的成功。

在夾縫中求生存，必須善於創新

在夾縫中求生存，你必須善於創新，勇於創新，占據市場。用這種手腕去做事，成功的一定就是你，世界上因創新而獲成功的人簡直是不勝枚舉。

法國美容品製造師伊芙是靠經營花卉發家的。

伊芙生產美容品，在短短的二十年裡已擁有九百六十家分店，他的企業在全世界星羅棋布。

伊芙生意興旺，財源廣進，摘取了美容品和護膚品的桂冠。這一切成就，伊芙是悄無聲息取得的，在發展階段幾乎未曾引起競爭者的警覺。

他的成功有賴於他的創新精神。最初，伊芙從一位年邁女醫師那裡得到了一種專治痔瘡的特效藥膏祕方。這個祕方令他產生了濃厚的興趣，於是，他根據這個藥方，研製出一種植物香脂，並開始挨家挨戶去推銷這種產品。

有一天，伊芙靈機一動，何不在雜誌上刊登一則商品廣告呢？如果在廣告上附上郵購優惠單，說不定會有效促銷產品。

這一大膽嘗試讓伊芙獲得了意想不到的成功，當他的朋友還在為巨額廣告投資惴惴不安時，他的產品卻開始在巴黎暢銷起來，廣告費用與其獲得的豐厚利潤相比，完全可以忽略不計。

當時，人們認為用植物和花卉製造的美容品毫無前途，幾乎沒有人願意在這方面投入資金，而伊芙卻反其道而行之，對此產生了一種奇特的迷戀之情。

伊芙開始小批量生產美容霜，他獨創的郵購銷售方式又讓他獲得巨大成功。在極短的時間內，伊芙透過這種銷售方式，順利推銷了七十多萬瓶美容品。

如果說用植物製造美容品是伊芙的一種嘗試，那麼，採用郵購的銷售方式，則是他的另一種創舉。

時至今日，郵購商品已不足為奇了，但在當時，這卻是前無古人的。

後來，伊芙創辦了他的第一家工廠，並在巴黎開設了他的第一家商店，開始大量生產和銷售美容品。

伊芙對他的職員說：「我們的每一位女顧客都是王后，她們應該獲得像王后那樣的服務。」

為了達到這個宗旨，他打破銷售學的一切常規，採用了郵售化妝品的方式。公司收到郵購單後，幾天之內即把商品郵寄給買主，同時贈送一件禮品和一封建議信，並附帶製造商和藹可親的笑容。

郵購幾乎占了伊芙全部營業額的百分之五十。伊芙郵購手續簡單，顧客只需寄上地址便可加入「美容俱樂部」，並很快收到樣品、價格表和使用說明書。

這種經營方式對那些工作繁忙或離商業區較遠的婦女來說無疑是非常理想的。如今，透過郵購方式從俱樂部獲取口紅、描眉膏、唇膏和美容護膚霜的婦女已超過六億人次。

這種優質服務帶給了公司豐碩成果，公司每年寄出郵件達九十九萬件，相當於每天三到五萬件。後來，隨著公司發展，銷售額和利潤增長了百分之三十，營業額超過了二十五億，國外的銷售額超過了法國境內的銷售額。

如今，伊芙已經擁有四百餘種美容系列產品和八百萬名忠實的女顧客。

伊芙的經歷正好證實了這句話：「如果你想迅速致富，那麼你最好去找一條捷徑，不要在摩肩接踵的人流中擁擠。」

創新的高手不愛跟隨在別人的屁股後面走，而是勇於探索，大膽創新，另闢蹊徑，走出自己的路，因而他們的成功往往令人叫絕，自己也很快在庸人之堆裡脫穎而出。

創新，是成大事者通向成功的捷徑，企業家的高低優劣之分也往往因此而產生。

十九世紀中葉，美國加州出現一股尋金熱，許多人都懷著發財夢爭相前往。

當時，一個十七歲的小農夫亞默爾也想去碰碰運氣，然而，他卻窮得連船票都買不起，只好跟著別人的大篷車，一路風餐露宿趕往加州。

到了當地，他發現礦山裡氣候乾燥，水源奇缺，而這些尋找金子的人，最痛苦的事情便是沒水喝。許多人一邊尋找金礦，一邊抱怨「要是有人給我一壺涼水，我寧願給他一塊金幣！」或「誰要是讓我痛痛快快喝一頓，我出兩塊金幣也行」。

這些牢騷，居然給了亞默爾一個靈感，他想：「如果賣水給這些人喝，也許會比找金礦賺錢更容易。」

於是，他毅然放棄挖金礦的夢想，轉而開鑿管道、引進河水，並且將引來的水過濾，變成清涼解渴的飲用水。

他將這些水全裝進桶子裡或水壺裡，並賣給尋找金礦的人們。

一開始時，有許多人都嘲笑他：「不挖金子賺大錢，卻要做這些蠅頭小利的事業，那你又何必離鄉背井跑到加州來呢？」

對於這些嘲笑，亞默爾絲毫不為之所動，他專心販賣他的飲用水，沒想到短短幾天，他便賺了六千美元，這個數目在當時是非常可觀的。

在許多人因為找不到金礦而在異鄉忍飢挨餓時，發現商機而且善加運用的亞默爾，卻已經成了一個小富翁。

在經營的策略上，不要一窩蜂的跟著流行，這樣只會把市場的惡性競爭提高，在相互砍價的割喉戰之後，不但損失了品質，到後來還會入不敷出，導致投資失敗，面臨破產的危機。

學會改變，勇敢做自己

很多人長久以來都不知道自己想要什麼、要做什麼、熱愛什麼，一直很消極，生活沒有目的，不知道為什麼要這樣做、做了又有什麼意義，甚至找不到一個理由，來說明為什麼必須要這樣生活，所以一直過著消極的生活。他們自卑、膽怯，不敢正視自己，不能勇敢的面對社會。

西奧多．羅斯福，這位據說是美國歷史上最大膽的總統，過去卻是個自卑、膽怯、神經質的人，他在自傳裡說：「一次，我讀到一本書，書中有一位英國軍艦艦長告訴人們怎樣才能勇敢：『你可以裝作不害怕的樣子，時間一長，你就真的變成勇敢的人了。』我相信了這種說法。那時我害怕的東西很多，從大灰熊、烈馬到士兵，見了就躲。後來，我讓自己裝出不怕的樣子，果然，慢慢就不怕了。我想，人的性格和情感都可以選擇，你選擇了勇敢，就會使自己變成一個勇敢的人。」

人之初，性本同。人從母體中脫胎而出的時候，無所謂膽大或膽小、外向或內向、樂觀或悲觀、自尊或自卑、開朗或抑鬱、熱情或冷漠、剛強或懦弱、灑脫或自卑。現實生活中的芸芸眾生之所以性格千差萬別、情感千姿百態，原因不單單在於先天的遺傳和胎教，更在於後天的陶冶和選擇，更在於勇敢面對一切，勇敢正視自己的優點和缺點，迎難而上，學會隨著時代的潮流改變自己。微笑著面對世界上的一切，那麼也許你就離成功不遠了。

然而，對於這樣一個並不深奧的道理，許多人卻並不知道。據心理學家調查分析，十八歲以上的成年人中至少有百分之七十五的人屬於外界控制型，他們從小到大都認為：自己的情感是無法控制和選擇的，憤怒、恐懼、怨恨、愛慕、喜悅、歡樂等等情感，只能自然而然產生，個人對它無能為力；尤其是各種煩惱、憂愁和不如意的事，只能接受不能拒絕，更不能隨意改變。倘若我們對這種觀念稍加分析就可發現，它是一種在自我迷誤心理驅使下的自我挫敗行為，也就是我們所說的「完全聽天由命」，任憑不良情感的擺布，結果往往是身未行而心先死、志未成而意先滅。所以說，只有自己才能做自己的主人，只有自己才能救自己。要學會拒絕，拒絕不開心的事，拒絕一切煩惱。但這所需的前提條件就是勇敢的走出自我，學會改變。

其實，人既能磨煉自己的性格，又能選擇自己的情感，更能消除心理上的一切障礙。關鍵在於要用寬廣的眼光去認識和看待外在的世界，用豁達的心境去認知和感受自身的遭遇，用頑強的意志去改造和優化周圍的環境。

二戰期間，一個名叫維克多．弗蘭克的精神病學博士，曾經在納粹集中營裡被關押了很長時間，飽受生活上的欺凌和人格上的侮辱。在那些暗無天日的日子裡，每天都有因受折磨而發瘋的人，他強迫自己不去看和想那些倒楣的事情，而是著力回憶自己以往經歷過的各種喜事和樂事，並刻意幻想今後生活中將會遇到的各種好運和奇蹟，使自己每時每刻處於無憂無慮的情感之中，臉上常常浮現出燦爛的笑容。終於，當他從集中營裡被釋放出來，重新獲得自由時，他的親朋好友簡直不敢相信，一個在魔窟裡受盡凌辱的人，竟能保持著如此年輕而不衰老的心境。

消除自我迷誤心理和自我挫敗行為，主要在於培養一種嶄新的個性，那就是要相信自己每時每刻都能做出情感上的正確抉擇、挑戰自我的個性。而挑戰自我的個性意味著什麼呢？也就是要我們跳出自我封閉的圈子，正確的認識自己，勇敢面對社會，面對他人，走向成功的人生。要知道，人的情感是每個人對外界事物的心理反映，是一種主觀上的可選因素，而不是客觀上的必然因素。

生活中的許多煩惱、憂愁和不如意的事，常常都是「庸人自擾」的結果。有些事本來並不嚴重，甚至根本不算一回事，可由於一些人對生活的理解不夠豁達大度，往往有意無意強化了問題和障礙的「能量」，使問題和障礙變成了一道道扼殺生命活力的繩索和一具具羈絆人生之旅的枷鎖。

對於還在積極奮鬥、努力改變自己、想成功邁進的人，千萬不要急於求成，因為心急吃不了熱豆腐。有位哲人說，人的一生大多在平淡無奇的歲月中度過，而擁有激情和輝煌的歲月大約只占生命的百分之五。而且，這百分之五等不來，要用很長的時間甚至是畢生的精力去準備、去積累、去追逐。而要想真正擁有這百分之五，就要有一個明確的目標，並為著這個目標而努力奮鬥，勇敢面對成功路上的每一個坎坷，因為機會垂青有心人。

生活中常有人抱怨，命運太不公平了，為什麼對他那麼偏愛，而對我卻這般吝嗇？其實每個人面前的機會是平等的，只不過是有人在機會到來之前就做好了準備，一旦機會擦身，便當機立斷，躍馬馳騁。而那些沉湎於犬馬聲色、無所事事、自暴自棄的人，即使機會在面前，也會視而不見，坐失良機。

阿基米德肩負著稱王冠純度的使命，在浴室洗澡都想著它，結果智慧的火花擦出了造福人類的大發現，不僅計算出了王冠的純度，而且發現了浮力定律。

善於變化思維，有變化就會有機會

很多人過著墨守成規的日子，幾十年都不變。這種人一輩子都不會成功，而有雄心的人，他們往往善於變化思維，而為自己的生活帶來轉機。

大象能用鼻子輕鬆將一噸重的貨物抬起來，但我們在看馬戲團表演時發現，這麼巨大的動物，卻安靜被拴在一個小木樁上。因為牠們自幼開始，就被沉重的鐵鍊拴在固定的鐵樁上，當時不管牠用多大的力氣去拉，這鐵樁對幼象而言是太沉重的東西。後來，幼象長大了，力氣也增加了，但只要身邊有樁，牠總是不敢妄動。

這就是定式思維。長大後的象其實可以輕易將鐵鍊拉斷，但因幼時的經驗一直存留至長大，牠習慣認為（錯覺）鐵鍊「絕對拉不斷」，所以不再去拉扯。

那麼，人類又如何呢？人類也因未擺脫「墨守成規」的偏差習慣，只以常識性、否定性的眼光來看事物，不敢有所突破，終於白白浪費掉大好良機。

在印度洋上，一艘遠洋海輪不幸觸礁，沉沒在汪洋大海裡，倖存下來的十一位船員拚死登上一座孤島，才得以倖存下來。

但接下來的情形更加糟糕，島上除了石頭還是石頭，沒有任何可以用來充飢的東西，更為要命的是，在烈日的曝晒下，每個人都口渴得冒煙，水成為最珍貴的東西。

儘管四周是水——海水，可誰都知道，海水又苦又澀又鹹，根本不能用來解渴。當時十一個人唯一的生存希望是天降雨水或別的過往船隻發現他們。

幾天過去了，沒有任何下雨的跡象，他們的周圍除了海水還是一望無邊的海水，沒有任何船隻經過這個島。漸漸的，十個船員支撐不下去了，他們紛紛渴死在孤島上。

當最後一位船員快要渴死的時候，他實在忍受不住了，撲進海水裡，「咕嘟咕嘟」喝了一肚子。船員喝完海水，一點也感覺不出海水的苦澀，相反覺得這海水又甘甜、又解渴。他想：也許這是自己臨死前的幻覺吧，便靜靜躺在島上，等待著死神的降臨。

他睡了一覺，醒來後發現自己還活著。船員非常奇怪，於是他每天靠喝這島邊的海水度日，終於等來了救援的船隻。

當人們化驗這海水時發現，由於有地下泉水的不斷翻湧，實際上，這裡的海水是可口的泉水。

生活中，我們也常犯類似的錯誤，把一些習慣做法奉為金科玉律，一點也不敢有所違背，結果我們也就掉進了「習慣」的陷阱裡，明明可以做好的事情，卻礙於習慣不敢想也想不到要去做，就像故事中的那些船員一樣，守著甘甜的泉水，卻渴死了，這是一件多麼可悲的事。其實任何事都不是一成不變的，別用你的習慣認知去解決問題，試著用變通的眼光去把握一切，這樣做會使你發現很多隱藏的機會。

奧運會能為舉辦國帶來巨額收益，現在看來是順理成章的事，但是第二十三屆洛杉磯奧運會以前的各屆運動會都是虧本買賣，主辦國均為此付出了昂貴的經濟代價。

一九八四年在美國洛杉磯舉辦的奧運會無疑是世界體育史上的一次盛會，這次奧運會不但以創造了許多世界紀錄而名垂奧運史，而且這屆奧運會還創造了另外一個世界體育史的奇蹟，而成為人們傳誦一時的佳話，就是這屆奧運還成了百年奧運史上第一屆賺錢的奧運會，而奇蹟的創造者就是美國第一旅遊公司副董事長尤伯羅斯，這位一九八四年奧運會的總老闆也由於成功把奧運會變成了賺錢機器而名揚全世界，成了一位家喻戶曉的公眾人物。

當國際奧會決定在美國洛杉磯舉辦第二十三屆奧運會時，美國政府和洛杉磯政府得悉這一消息後表示不予經濟援助，但又不願放棄這一機會。正在兩難之際，美國第一旅遊公司副董事長，四十歲的尤伯羅斯挺身而出，答應「自籌資金，不要政府一分錢」，非但如此還誇下海口：「我個人承辦，這次奧運會，要淨賺兩億美元。」當時別人都認為他是在吹牛，只有他胸有成竹，因為一個出色的創意已經了然於胸。當有一百四十多個國家和地區參加的洛杉磯奧運會落下帷幕後，尤伯羅斯實現了被認為「不可能」的諾言，不但圓滿舉辦了奧運會，還超額完成了任務，淨賺了二點五億美元。

當一九八四年尤伯羅斯成為舉辦奧運會的總老闆的時候，他就看準了美國社會高度商業化的這樣一個環境特點。因此，他決定充分利用這一環境特點，把奧運會這樣的體育盛會變成自己的搖錢樹，並根據美國社會商業化的特點制訂出了很多成功的賺錢方案，為自己創造了一個又一個賺錢的機會。

首先，尤伯羅斯扭轉了過分強調奧運會政治功能和體育功能、而忽略經濟功能的固有思想，這是他取勝的關鍵。

其次，尤伯羅斯抓住人性中「物以稀為貴」的觀念，做出了一個驚人的決定：限制贊助公司數量，且同行業只選一家。這個決定意味著能成為贊助公司的企業，其產品也能在同行業中獨占鰲頭，如此一來，各大企業爭相報名，有些行業的競爭更趨白熱化。

尤伯羅斯採取的第三個策略是廣開財源，延長火炬傳遞路程，讓那些想過傳遞火炬癮又樂意出資的人也能持炬走一段。此外，他還把本次奧運會會徽、會標、吉祥物等作為專利，出售給那些想以此做廣告資料的人。

除了開源，尤伯羅斯還很注意節流，充分利用現有資源，招聘義務服務者，精簡機構。

由於尤伯羅斯策劃有方，經營有術，組織得力，創造了世界奧運史上的一個奇蹟，尤伯羅斯及洛杉磯舉辦的這屆奧運會非但沒有花政府一分錢，反而贏得了二點五億美元的巨額利潤，一舉扭轉了一九八四年以前歷屆奧運會都虧損的歷史現狀。正因為尤伯羅斯開創了奧運會也可以賺錢的局面，為此，國際奧會為了表彰尤伯羅斯的功績還專門為他頒發了一枚特別的金牌，尤伯羅斯真可謂名利雙收，取得了非凡的成功。

從這件事上我們可以看到環境因素的確是制約機遇的重要因素。而真正能夠成功的人，真正能夠捕捉到機遇甚至創造機遇的人，就是那些能夠充分利用環境的人。

尤伯羅斯的成功之處就是他十分有效利用了奧運會在美國這個高度商業化的國家，這樣一種特殊的環境裡舉辦的機遇。並且他還積極利用這一特殊環境為自己創造出了許多人都意想不到的機會，把這屆奧運會辦成了有史以來第一次賺錢的奧運會。

俗話說：「謀事在人，成事在天」。成功創業，人的因素固然是最為重要的，但也不應忽視天時地利對成功的重要意義。如果我們能配合天時地利努力，那麼就一定能收到事半功倍的效果。

摒棄舊觀念，接受新觀念

任何人都有贏得成功的潛力，只要相信自己能做到，全力以赴，成功總有一天會來臨。縱然陷入危機之中，也應不悲不惱，應該認識到危機也許預示著機遇。然而，全力以赴並不是說一味傻做，而是要學會隨著時代的腳步和社會的變遷不斷接受新的觀念，摒棄舊的、阻礙進步的觀念。只有這樣才能在不斷變化發展的時代取得更大的成功。有這樣一個實例：

身處城市之中，隨著經濟的快速發展，社會進步的腳步不斷加快，為了生存拚命奔波的人，他們腳步匆匆，工作壓力大，幾乎沒有時間在家裡享受早餐，早上起床後在家門口或者公司附近吃點早餐就成了大多數忙著趕時間工作的人的新選擇。於是有許多人就看準了這個商機，逐漸改變了自己原有的只供應午餐和晚餐的傳統習慣，把目光投向了早餐市場。

有家咖啡店也看好早餐這個龐大的市場，但是由於這是一家高檔的咖啡店，在早餐形式上又不能流俗，而他們早餐市場的目標顧客主要是白領職員或者學生，還有雙職工。因此，他們為了取得成功，開發出了一系列能代替早餐的食品。由於緊跟時代步伐，早餐食品又恰到好處，還解決了吃早餐難的問題，也就收到了很好的效果和回饋。咖啡店賣早點的成功之處就是，打破了傳統的觀念，順應時代的發展，準確判斷並細分市場，準確做出市場定位的結果。

這就是新觀念、新思想所帶來的成功，如果不能摒棄舊的觀念，認為咖啡店永遠只賣咖啡的話，那麼當別人早上就開始了新的一天的時候，他們只能坐等到中午，永遠比別人少了一個充滿希望的早晨，也就是說當別人已經跑出好遠的時候你才起跑，結果當然是被淘汰。社會歷史的進步創造著新的思維方式，新的思維方式又成為社會歷史前進的催化力量。

這種現代綜合性思維的特徵在於把自然科學、技術科學和人文社會科學的知識、人的智慧和才能、各種類型的資訊、資料及資訊基礎設施結合起來，以便跨越層次界限，解決開放的問題。如此相應的思維方式，也是開放的、動態的，這種整體性、綜合性的思維方式不同於以往的舊有方式，因為它是非線性的、多維互補的。網路化的世界縱橫交織著錯綜複雜的聯繫和關係，它們是動態的、過程性的。網上大大小小的「扭結」都有一定的自主性和創造性，它們能夠對環境的變化作出有選擇的反應，它們相互參與，彼此合作和競爭。

這些理論教我們要用各種新的思考方法，能更自由、更全面去觀察，向知識或常識挑戰，以一種新的視野去面對事物。

有一個例子：一艘船翻船了，船上的人全部落水，大部分人都努力掙扎著伸展四肢，浮出水面，但是船翻時所造成的強大水流，將落水的人捲入船底，使得這些人的身體都緊緊貼在船底無法浮起，最後窒息死亡。只有一位落水者看到強大的水流，立即將身體捲起來，讓自己先沉下去，待離開水流後，再順勢伸展四肢，浮出水面。他是唯一的一位生還者。

其實從這個實例中可以看出，也許這個人身體素質非常好，但是更重要的是，在舊有的習慣面前，別人都一如既往的遵循，而只有他，順應水流的發展而改變自己並最終獲得生還。

我們的身體需要時常做體操來加強健康和活力，而我們的頭腦也需要在平時養成習慣，不時找機會做做頭腦體操。因為人一旦養成做頭腦體操的良好習慣之後，就容易讓自己的思考像鐳射光束般，由三百六十度的各個方向在腦內自如進出。如不時時操練你的大腦，那麼在危急中就不會急中生智，在攻防中不會有技巧，在遇到瓶頸時也不會有突破了。而我們又怎麼讓大腦做體操呢？最簡單的方法就是緊跟時代的步伐。

然而，每當你放棄一種舊的行為方式時，即使那是一種有害的、或使你失敗的習慣，你也可能會產生一種很強烈的失落感，在一段時間內你會感到惋惜，下意識懷念某種習慣，儘管它曾經傷害過你。你想念這種習慣就像是想念久別的家人或朋友一樣，由於你丟掉了舊的生活模式，會感到空虛，無所適從。在你學習新的、有益的生活方式來填補這一空白時，這種空虛感會延續一些時間。這種感覺可能表現為憂鬱或對焦慮的壓抑感，使你無法思考任何具體的問題。儘管你知道舊的生活方式對你的生活有消極影響，妨礙你充分發揮自己的潛力，但你仍然對它戀戀不捨，並為離開了它而悲傷不已。

此時你的思想是矛盾的，你的理性告訴你說，丟棄消極的習慣是完全正確的、完全應該的，但你的內心卻在為丟棄的東西惋惜悲傷，你的理智和感情並不同步，一直處於一種搖擺不定的狀態。這種猶豫不定的態度讓你不能勇敢抓住機會去改變自己的生活。因此你現在就應該去改變自己，摒棄一些舊的、不好的習慣和思維，適當讓大腦做做體操，順時代的潮流而動，方能永遠立於不敗之地。

第七個行為習慣　提高口才能力的習慣

說話不是一件容易的事。我們天天都在說話，但並不見得個個都會說話。會說話是一個人智慧的反映，是影響一個人事業成功、人際和睦、生活幸福的重要因素，是一種可隨身攜帶永不過時的基本能力。所以，如果你想朋友多、關係廣、辦事容易，你必須不斷提升自己，養成提高口才能力的習慣，以贏得人們的喜愛和好感。

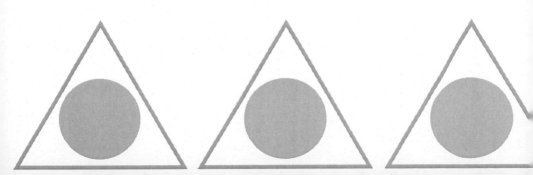

敢於當眾說話，直接關係事業的成敗

如果把人生比做一場漫長的馬拉松的話，好的口才則會讓我們的生活、工作、事業如虎添翼，錦上添花！

我們每天都要處理很多事情，也許這件事情和自己有直接關係，也許這件事情與自己身邊的人有關係。如果我們處理不好，會讓生活陷入被動的局面，如果擁有了良好的口才，這一切就會變得十分容易。

事業的成功和失敗，往往決定於某一次談話，這話一點也不誇張。美國人類行為科學研究者指出：「說話的能力是成名的捷徑，它能使人顯赫，鶴立雞群。能言善辯的人，往往使人尊敬，受人愛戴，得人擁護。它使一個人的才學充分拓展，熠熠生輝，事半功倍，業績卓著。」

一九四〇年，正當美、英、蘇等國家共同抗擊納粹德國的關鍵時刻，英國處在歐洲反法西斯的最前線，由於黃金已經枯竭，根本無力從美國手中獲取軍事裝備。作為英國的重要盟友，羅斯福深知唇齒相依的道理。在反法西斯戰爭曠日持久的情況下，英國一旦被納粹擊潰，希特勒一朝得勢，勢必嚴重威脅到美國的利益。美國全力支持英國也是理所當然的事情。

但是，美國國會一些目光短淺的議員們只盯著眼前的利益，絲毫不去關心反法西斯盟友和歐洲糟糕的戰局。羅斯福認為，應該說服他們，使《租借法》順利通過，全力支持英國。為此，在十二月十七日，羅斯福特別舉行了一個意義重大的記者招待會。

「尊敬的女士們、先生們！」在簡要介紹了《租借法》以後，羅斯福緊接著用淺顯的比喻來說明他的設想，「假如我的鄰居家失火，在數百英尺外，我擁有一條澆花的水管，要是趕緊借給鄰居拿去接上水龍頭，就可能幫他滅火，以免火勢蔓延到我家。但是，在借出前要不要跟他討價還價？『喂，朋友，這條管子得花十五元，你得照價付錢。』此時，十萬火急，鄰居哪能去找錢？我想，還是不要他十五元為好，只要他滅火之後原物奉還。如果滅火後水管還好好的，他會連聲道謝；如果他把東西弄壞了，他得照賠不誤，我也不會吃虧的。」

羅斯福總統的一番比喻，舉一反三，淺顯易懂，即刻語驚四座，並經由新聞媒體報導，傳遍全球。此番妙語不僅說服了議員們無條件支持《租借法》在全國順利通過，而且還贏得了邱吉爾等反法西斯國家首腦的高度評價。

事實上，一項事業的成敗，常會在一次談話中獲得效果，如果我們出言不慎，跟別人爭吵，那麼就不可能獲得別人的同情、別人的合作、別人的幫助。無數成功者的事實證明，敢於當眾講話，善於說話是成功事業的催化劑，它直接關係事業的成敗。

鮑爾特是加州儲藏室設計改裝公司的創始人。一天，他為了趕往城外，在公寓前攔下一輛計程車，當他坐上座位後，那位友善的司機便跟他攀談起來。

「您住的這個公寓真的很漂亮。」司機說。

「嗯，是的。」鮑爾特心不在焉地說。

「我敢打賭，您的儲藏室很小。」他很有把握說。

聽他這麼一說，鮑爾特頓時來了興趣。「你說得不錯，它確實很小。」

「那您有沒有聽說過為儲藏室重新改裝呢？」司機問道。

「啊，我聽說過。」

「事實上，開計程車只是我的業餘工作，我真正的工作就是按照客戶的要求為他們重新設計改裝儲藏室，以充分而有效利用儲藏室的空間。」

接著，司機問鮑爾特有沒有想過改裝家裡的儲藏室。

「這倒沒想過，」鮑爾特答道，「不過我確實希望儲藏室的空間能再大點。我聽說有一家著名的公司也在做這種生意。」

「您說的是加州儲藏室設計改裝公司吧，那確實是一家大公司。不過，他們能做的，我也一樣能做，而且價錢還比他們便宜多了。」他接著說：「您可以打電話給加州儲藏室設計改裝公司，就說您需要改裝儲藏室，他們會派人來估價。等他們估好之後，您讓他們留一份設計圖紙給您。他們肯定不會同意，不過，您就說圖紙要給您的妻子看，以徵求她的意見，他們就會留下設計圖紙。然後，您打電話給我，我保證可以和他們做的一樣，而且價錢要比他們便宜百分之三十以上。」

「聽起來真是太有趣了。這是我的名片，如果你願意光臨我的辦公室，我們可以好好談一談。」鮑爾特笑著說。

司機接過名片一看，驚訝得突然轉動方向盤，差點把車開到路邊的小河裡。

「哦，上帝，」他驚叫到，「您就是鮑爾特！加州儲藏室設計改裝公司的創始人！我曾經在電視上見過您，當初就是因為覺得您的計畫和想法非常好，我才做起這一行的。」司機一邊說一邊從後視鏡裡仔細打量著鮑爾特。「我剛才就應該認出您的，真是對不起，鮑爾特先生，我剛才的意思並不是說你們公司的價格太貴，我也不是說……」

「別激動，我很喜歡你的風格和口才。你非常聰明，而且非常有進取心，我很欣賞這一點。你知道乘客都是你忠實的聽眾，因為他們不得不聽你的宣傳。而這樣做是需要很大勇氣的，為什麼不來找我呢？」

這位善談的司機最後來到了鮑爾特的公司，並且還成了公司最優秀的業務員之一。

俗話說：「一手漂亮字，一口漂亮話」是人出門在外的兩塊「敲門磚」。那意思是說，有此兩項過硬的本領，可贏得人家的好感。可見，會說一口漂亮話在人們的謀生生涯裡是多麼重要。

精誠所至，金石為開

「精誠所至，金石為開」，好口才的第一步就是要讓人感覺到你的熱心和誠意。如果連自己都意未明，情未動，言不由衷，又怎麼能表情達意呢？如果說，誠意要求的是內容，那麼熱心要求的就是表達的態度，唯有「情自肺腑出，方能入肺腑」。

真誠是人類最偉大的美德之一，一個對生活、對事業、對自己真誠的人，寫文章能以真誠動人，辦事情能以真誠悅人，說話能以真誠感人，那麼他所具有的這些力量怎能不使他取得成功呢？俗話說得好：「有了巧舌加誠意，就能夠用一根頭髮牽動一頭大象。」

美國石油大王洛克菲勒的兒子小洛克菲勒，在一九一五年處理一次工業大罷工時，就是運用誠懇的演說，解決了與工人之間的矛盾。

科羅拉多州煤鐵公司的礦工為了要求改善待遇而罷工，因為公司方面處置不善，這次罷工演變成流血慘劇，勞資雙方都走了極端。這次罷工，持續了兩年之久，成為美國工業史上一次有名的大罷工。

小洛克菲勒最初使用軍隊來鎮壓的高壓手段，釀成慘劇，不僅沒有解決問題，反而使罷工的時間更延長下去，使自己的財產受到了更大的損失。後來，他改變方法，採用柔和的手段，把罷工的事情暫時置之不談，他深入到工人當中，並親自到工人家中慰問，使雙方的情感慢慢好轉起來。之後，他叫工人們組織代表團，以便和資方洽商和解。他看出了工人們已經對他稍稍釋去了敵意，於是，便對罷工運動的代表們作了一次十分中肯的演說。就是這一次演說，解決了兩年來的罷工風潮。

在演講中，小洛克菲勒說：「在我有生之年，今天恐怕要算是一個最值得紀念的日子。我十分榮幸，因為能夠和諸位認識，如果我們今天的聚會是在兩個星期之前，那麼，我站在這裡就會是一個陌生人了，因為我對於諸位的面孔的認識還只是極少數。我有機會到南煤區的各個帳篷裡去看了一遍，和諸位代表都作了一次私人的談話。我看過了諸位的家庭，會見了諸位的妻兒老幼，大家對我都十分客氣，完全把我看作自己人一般。所以，今天我們在這裡相見，我們已經不是陌生人而是朋友了。現在，我們不妨本著相互的友誼，共同來討論一下我們大家的利益，這是使人感到十分高興的。參加這個會的是廠方的職員和工人的代表，現在蒙諸位的厚愛，我才能在這裡和諸位相見並努力化解一切矛盾，彼此成為好友，這種偉大的友誼，我是終身不會忘掉的。我們大家的事業和前途，從此更是展開了無限的光明。在我個人，今天雖然是代表著公司方面的董事會，可是，我和諸位並不站在對立的地位，我覺得我們大家都是有著密切的關係和友誼的。我們彼此有關的生活問題，現在我很願意提出來和大家討論一下，讓我們一起從長計議，獲得一個雙方都能兼顧到的圓滿的解決辦法，因為，這是對大家有利的事……」

小洛克菲勒的演講，雖沒有華麗的詞藻，但話語誠懇，引起了礦工廣泛的共鳴，一下子就使自己擺脫了困境。

有時候，真誠的語言不僅會帶給我們成功，還可能帶來神話般的奇蹟。反之，如果一個人在語言上，不遵循誠能感人的原則，就會失信於眾，輕則影響個人的形象和聲譽，重則危及組織的前途和生存。

一個平凡的業務員，在做了十幾年的推銷工作後，十分反感和厭惡那些長期以來用強顏歡笑、編造假話、吹噓商品等招攬顧客的做法。他覺得這是生活上的一種壓力，為了擺脫這種壓力，他決定對人以誠相待，不對顧客講假話，要以一顆真誠的心來對待他們，即使被解雇也無所謂。出乎以外的是，當這種想法浮現在大腦後，他頓時覺得自己的心情比以往更輕鬆起來。

這天，當第一個顧客來到店裡，問他店中有沒有一種可自由折疊、調節高度的椅子時，他就搬來椅子，如實向顧客介紹。他說：「老實說，這種椅子品質不是很好，我們常常會接受到顧客的投訴和退貨。」

顧客說：「是嗎？很多人家都用這種椅子，我看它似乎還挺實用的。」

「也許是吧。不過，據我看，這種椅子不一定能升降自如。您看，沒錯，它款式新，但結構有毛病。如果我隱瞞它的缺點，就等於是在欺騙您。」這位業務員耐心向顧客解答。客人追問：「你說結構有毛病？」

「是的，它的結構過於複雜精巧，反而不夠簡便。」

這時，業務員走近椅子，用腳去踩腳踏板。本來要輕踩，但是他一腳狠狠踩下去，使椅子面突然向上撐起，正好撞到顧客扶在上面的手上。業務員急忙道歉：「對不起，我不是故意的。」

沒想到客人反而笑起來，說：「沒關係，不過我還要仔細看看。」

「沒關係，買東西如果不精心挑選，會很容易吃虧的。您看看這椅子的木料，品質並非上乘，貼面膠合也很差。坦白說，我勸您還是別買這種椅子，不如看看其他牌子的，要不到其他店看看也可以，說不定那裡會有更好的椅子。」業務員說。

客人聽完這番話，十分開心，要求買下這把椅子，並馬上取貨。但是，等到這位顧客一走，業務員就立即遭受到經理的訓斥，同時被告知到人事部辦理離職手續。過了一個小時，業務員正整理東西，準備打包回家時，店內突然來了一群人，爭相購買這種椅子，幾十把椅子一下子就買空了。

當然，這些人都是剛才那位顧客介紹來的。看到店裡生意如此火暴，經理大感吃驚，最後業務員不僅沒被辭退，薪水還提高三倍，休假時間也增加一倍。經理甚至還稱讚他如實介紹商品的做法，是一種新型的售貨風格，應該繼續保持。

語言可以表現一個人的人格。即使是語言比較笨拙的人，只要具有發自內心的真誠，其心情就能在話語間充分流露出來。相反，如果沒有發自內心的真誠，即使運用再華麗的語言也會被人看穿。所以，在談話時，滿懷真誠是最重要的。

幽默，讓語言錦上添花

希臘哲人亞里斯多德關於幽默的見解很值得我們品味。他說：「幽默的對象是指那些本質美好，卻又並不完美的事物。當一種社會現象的總趨勢是積極的、進步的，但又存有某些缺點或陳腐的東西時，我們便採用這種略帶嘲諷的口吻，幽默肯定事物的本質，肯定其基本與主要的方面，清除那些陳腐的東西以及偶爾沾染的惡習，使其有益於社會價值的東西充分顯示出來。」

如果把幽默比擬成一個美人，她應該是內涵豐富、豔若桃花、氣質如蘭的，她應當能帶來愉悅的享受，她更有氣質，也更加耐人尋味。幽默之美表現在三個方面。

幽默之美，首先在於一種喜劇精神。我們說幽默具有喜劇精神，並不是說要將幽默看成一種喜劇。幽默本身是獨立的，它自成體系，幽默中的喜劇精神是就它和喜劇一樣能使人愉快這一點而言。喜劇的未必是幽默的，如：

卓別林的一個喜劇的場景是這樣的：他走進了休息室，絆倒在一位老太太的腳上，他轉身向她抬了抬他的帽子，表示道歉，接著，剛扭過身，又絆倒在一個痰盂上，於是又轉過身去向痰盂抬了抬他的帽子。

從喜劇精神方面來說，與上述略帶鬧劇色彩和滑稽習氣的喜劇相比，幽默應該用感官觸角引起人們的想像，從而使人產生生理和心理上合二為一的美感。

幽默之美，其次在一種意境。表達者透過自己的精心安排，誘導欣賞者經過前因後果的推埋、聯想，最終產生一種心理愉悅。

幽默之美又是含蓄之美。以喝茶來說，在最好的茶的品類裡，無論是西湖龍井，還是鐵觀音、碧螺春，都是剛喝的時候好像不覺得有什麼特別的好味道，靜默幾分鐘後才品味出茶中「只可意會，不可言傳」的妙處。幽默固然可以使人雋然而笑，失聲哈哈大笑，甚至於「噴飯」、「捧腹」而笑，而最值得欣賞的幽默，卻是能夠使人嘴角輕輕上揚的微笑。

幽默的語言可以營造輕鬆愉快的氣氛，能緩解交際中的緊張情緒，激發人們的想像力，增進人們的感情。在良好的氛圍下，人們更容易被理解、被尊重，也更容易獲得支持和關注。反之，沉悶抑鬱的環境，很容易滋生猜忌和隔閡。在交際中，不能營造良好的談判氣氛，就好像機器缺少「潤滑劑」一樣，使人產生彆扭的感覺，也就談不上有效減少雙方心理障礙，增加雙方溝通困難，甚至可能使談判進展緩慢。我們來看看英國首相邱吉爾是如何運用幽默的語言來營造良好的談判氣氛的：

二戰期間，武器緊張，邱吉爾來到華盛頓會晤羅斯福，請求軍需物資方面的接濟。會談在第二天進行。次日凌晨，邱吉爾正躺在浴盆裡，抽著大號雪茄，作沉思狀。沒想到羅斯福突然推門進來。邱吉爾赤身裸體，大腹便便，大肚子還露出了水面。兩人相視不禁一愣。邱吉爾隨即微微一笑，說：「總統先生，大英帝國的首相在你面前可真是沒有半點隱瞞！」說罷，兩人都不約而同笑了起來。

這輕鬆的瞬間，讓人忘卻了戰爭，忘卻了艱難，開始真誠的合作。所以，這次談判非常成功。

幽默能使我們在交際中左右逢源，常常能夠在「山窮水盡疑無路」時變得「柳暗花明又一村」。

不能僅僅滿足於用口說話，而要善於說話

說話作為人們最簡單、最直接的表達方式，它的重要性是不言而喻的。我們已經告別了那種「鸚鵡能言，不離於禽；猩猩能言，不離於獸」的人云亦云的語言時代。語言是隨著人類的出現為滿足表達和交際的需要而產生的，具有社會性、工具性和符號性，其初始形成就是說話。

我們天天都在說話，但是，有的人說起話來，娓娓動聽，使人聽了全身筋骨都感覺到舒服；有的人說起話來，鋒芒銳利，像是一柄利刃，令人感覺十分恐懼；有的人說起話來，一開口就使人感覺到討厭。所以人的面貌各不相同，而人所說的話和獲得的效果，也正像面貌一樣各有不同。

李蓮英是清朝的大太監，他為人機靈、嘴巧，無論在什麼樣的場合，面對什麼樣的人物，他都能應付自如，因此，他深得「老佛爺」——慈禧的喜愛，同時，李蓮英也常常幫慈禧打圓場，擺脫困境。

慈禧愛看京劇，所以不斷有戲班子進宮專門為老佛爺演出。慈禧喜怒無常，這些戲子們都提心吊膽。演得好了，老佛爺開心了，便賞賜他們一些小玩意，以示皇恩浩蕩；演得不合她的胃口，他們時刻都有掉腦袋的危險。

一次，著名的京劇演員楊小樓率領他的戲班進宮為慈禧太后演出。這天，慈禧心情格外舒暢，看完戲後，把楊小樓召到面前，指著滿桌子的糕點說：「這些都賞賜給你，帶回去吧！」

哪有賞賜糕點的，何況慈禧這人極為奢侈浪費，她一頓飯能吃兩百多道菜，可想而知那些糕點也絕不會少。楊小樓心想：這麼多糕點，我怎麼帶回去呀？於是，便趕快叩頭謝恩道：「叩謝老佛爺，只是這些尊貴之物，奴才不敢領，請……另外恩賜……」

這話把周圍的宮女、太監們都嚇暈了，按慈禧的脾氣，賞賜你的東西你不要，還敢要求另外賞賜，這不是自己找死嗎？出乎意料，這天太陽從「西邊」出來了，慈禧心情超出一般的好，並沒有發脾氣，只是問了一問：「那你要什麼？」

楊小樓又叩頭接著道：「老佛爺洪福齊天，不知可否賜個字給奴才。」

慈禧聽了，一時高興，也想向大家露一手，便讓太監筆墨紙硯伺候，只見她大筆一揮，一個碩大的「福」字就寫成了。

讓人萬萬沒想到的是，慈禧的這齣戲卻演砸了——「福」字的偏旁多了一個點兒。楊小樓一看，確實是錯了。這可怎麼辦？若是拿回去遭人議論，一旦傳到慈禧耳中，不知又有多少人要蒙受不白之冤。不拿吧，慈禧動怒，自己不會有好下場。要也不是，不要也不是，他一時急得直冒冷汗。

現場氣氛一下子變得非常緊張起來。慈禧也覺得為難，確實是自己寫錯了，不想讓楊小樓拿出去丟人現眼，但自己也無法開口要回來重新寫。

站在旁邊的李蓮英這時候眼珠子一轉，不慌不忙走向前，笑呵呵說：「老佛爺洪福齊天，她老人家的『福』自然要比世人的多一『點』了。要不怎麼顯示出她老人家的高貴呢？」

楊小樓一聽馬上會意，連忙叩首道：「老佛爺這萬人之上之福，小人怎敢領呢！」

慈禧正愁沒法下台，聽這麼一說，也就順水推舟，笑道：「好吧，那就隔天再賜你吧！」

就這樣，李蓮英的一句話化解了慈禧的一次窘境。

美國人在第二次世界大戰時期，把「舌頭」、原子彈和金錢稱為獲勝的三大戰略武器，進入二十一世紀又把「舌頭」、金錢和電腦視為經濟發展和社會進步的三大戰略武器。「舌頭」（即口才）能獨冠於三大戰略武器之首，可見口才的價值非同小可。因此我們應清醒認識到說話的重要性，進而更好掌握說話這個隨身攜帶、行之有效、戰無不勝、攻無不克的神奇武器。

把握好說話時機是一個人智慧的反映，是影響一個人事業成功、人際和睦、生活幸福的重要因素，是一種可隨身攜帶永不過時的基本能力。所以，我們不能僅僅滿足於用口說話，而要善於說話，會說話實在是我們一生的資本。

言不在多，達意則靈

談話是否受人歡迎，在於是否抓住關鍵、是否能打動聽眾，人們很反感那些空話，甚至覺得聽這種談話是在浪費生命。

在初次交往中，如果一味囉嗦，就會使人反感，這樣就削弱了你在他人心目中的地位。英國人說：「話猶如樹葉，在樹葉太茂盛的地方，很難見到智慧的果實。」

言不在多，達意則靈。講話簡練有力，能使人興味不減；冗詞贅語，嘮叨囉嗦不得要領，必令人生厭。

在林肯當總統前，有人問他有多少財產。當時在場的人期待的答案是多少萬美元、多少畝田地。然而林肯卻扳著手指這樣回答：「我有一位妻子、一個兒子，都是無價之寶。此外，也租了一個辦公室，室內有一張桌子、三把椅子，牆角還有一個大書架，架上的書值得每人一讀。我本人又高又瘦，臉很長，不會發福。我實在沒有什麼可依靠的，唯一可靠的財產就是——你們！」

林肯當律師的時候，一次他作為被告的辯護律師出庭。原告的律師把一個簡單的論據翻來覆去講了兩個多小時，好不容易才輪到林肯辯護。林肯走上講台，卻一言不發，他先把外衣脫下放在桌上，然後拿起水杯喝了口水，接著又重新穿上外衣，然後又喝水，如此動作一連重複了五六次，法庭上的人當時都懂了，笑得前仰後合。

南北戰爭爆發時，各報向林肯提出了各式各樣莫名其妙的建議。林肯耐著性子聽完了一位紐約記者提出的冗長作戰方案之後，說：「聽了你的建議，我不禁想起了一個小故事。幾年前，有人騎馬旅行，因為人煙稀少，無路可行，他迷失了方向，更糟糕的是隨著夜幕降臨，下起了可怕的暴雷雨。隆隆雷聲，震撼大地，道道閃電，瞬息之間照亮地面。這個失魂落魄的人下了馬，藉著時有時無的閃電亮光，開始步履維艱牽馬行走。突然，一聲驚人的霹靂駭得他雙膝跪地，他呼喊道：『上帝，既然你什麼都能做到，就多賜給我們一點亮光，少來點刺耳的聲音吧！』」

這個故事就是在暗示：用最少的字句包含盡量多的內容，才是最好的講話方式。

馬克．吐溫講過這樣一個故事：

有個禮拜天，馬克．吐溫到禮拜堂去，適逢一位傳教士在那裡用令人哀憐的語言講述非洲傳教士苦難的生活。當他說了五分鐘後，馬克．吐溫馬上決定對這件有意義的事情捐助五十元；當他接著講了十分鐘後，馬克．吐溫就決定把捐助的數目減至二十五元；當他繼續滔滔不絕講了半小時後，馬克．吐溫又決定減到五元；最後，當他講了一個小時，向聽眾請求捐助並從馬克．吐溫面前走過的時候，馬克．吐溫卻反而從他手中拿走了兩元。

透過這則幽默的故事我們可以看出，講話還是短一點、實在一點好，長篇大論、泛泛而談容易引起聽眾的反感，效果反而不好。

有句俗語說得好：「蛤蟆從晚叫到天亮，不會引人注意；公雞只啼一聲，人們就起身工作」。的確，會說話的人，不一定是說話最多的人，話貴在精，多說無益，而現實中，說話囉嗦的人往往覺得自己所說的涵義豐富，卻認識不到自己的弱點。

有兩個多年未見面的老朋友相聚，他們彼此都對此盼望了很久。結果其中一個帶了他熱情開朗的新婚妻子一起來。那位妻子從一開始就滔滔不絕，一個接一個說著一些自己覺得很好笑、很有趣味的事情。出於禮貌，兩個男人沉默聽著，偶爾尷尬對看一眼：當他們分手的時候，那位妻子站在門口的台階上揮舞著手套，興高采烈說：「再見！」她覺得度過了一個很有意義的夜晚，認識了丈夫的朋友，還有一次快樂的談話。而兩個男人卻對老朋友分別多年後的情況仍舊一無所知，心裡抱怨著這個開朗得過分的女人，即使她的丈夫也是如此。

對於說話囉嗦的人，心理學專家們為他們羅列出七個典型的特徵：

（1）打斷他人的談話或搶接別人的話頭，希望整個談話以「我」為重點。

（2）由於自己注意力分散，一再要求別人重複說過的話題，或自己不記得已經說過的，一再重複。

（3）像炮彈一樣連續表達自己的意見，使人覺得過分熱心，以致難以應付。
（4）隨便解釋某種現象，輕率下斷語，藉以表現自己是內行，然後滔滔不絕。
（5）說話不合邏輯，令人難以領會意圖，並輕易從一個話題跳到另一個話題，有時自己也莫名其妙。
（6）不適當強調某些與主題風馬牛不相及的東西，東拉西扯；
（7）覺得自己說的比別人說的要來得更有趣。

「是非只為多開口」，話說得多，出問題的機會也就多。大智若愚，聰明的人大都不隨便說話，唯有胸無半點墨的人喜歡大吹大擂。「寧可把嘴閉起來使人懷疑你淺薄，也勝於一開口就使人證實你的淺薄。」這是一句值得每個人牢記的名言。滔滔不絕，出口成章，是一種「水準」，而善於概括，辭約旨豐，一語中的，同樣是一種「水準」，而且更為難得。

同樣的話，用不同的方式說

生活中有些人快人快語，有啥說啥，話無禁忌，不知道什麼該說、什麼不該說。如果是在一個熟悉的環境裡，大家都知道你的個性，可能無所謂，但是，在陌生環境中，和你不熟悉的人想說什麼就說什麼，不分場合、不分對象是絕對不可以的。

那麼，在和同事、上司交流中，我們就一定要掌握說話、辦事的藝術，什麼話該說或不該說，要掌握得準確，有時候，吃虧就是因為說了不該說的話。

邱先生在一家知名企業做事，有一次，專案經理告訴他，要為公司做一個宣傳方案的策劃，經過大家討論後，邱先生完全按照專案經理的意思加班工作，並順利完成策劃。但是，當策劃方案交到該專案主管那裡後，他卻被狠狠批評了一頓。

在主管面前，邱先生說，這方案是他們小組所有人討論的結果，而且，他們專案經理也非常贊同，這個策劃案百分之六十都是專案經理的想法。可沒想到主管直接把專案經理叫來，當面對質。主管追問專案經理：「聽說這都是你想的，就這種東西還能叫方案，還值得你們那麼多人來集體策劃？我看你這個專案經理還是不要當了。」

從主管的辦公室出來後，他又被專案經理狠罵了一頓。專案經理告誡他，以後說話前動點腦子，別一五一十把什麼都說出去。

可見有些話真不該說，正所謂話到嘴邊留三分，而面對一些揭人短的老實話更是萬萬不能輕易出口。

張小姐在國家某機關做辦公室員工，她性格內向，不太愛說話。可每當就某件事情徵求她的意見時，她說出來的話總是很傷人，而且她的話總是在揭別人的「短處」。有一次，同一部門的同事穿了件新衣服，別人都稱讚「漂亮」、「合適」之類的話，可當人家問張小姐感覺如何時，她便毫不猶豫回答說：「你身材太胖，不適合。這顏色對於你這個年紀的人顯得太嫩，根本不合適。」

這話一出口，原本興致勃勃的同事表情馬上就僵住了，而周圍大讚衣服好的人也很尷尬，因為，張小姐說的話就是大家都不願說的得罪人的「老實話」。雖然有時她也很為自己說出的話不招人喜歡而後悔，但她總是忍不住說些讓人接受不了的實話。久而久之，同事們都把她排除在集體之外，很少就某件事再去徵求她的意見，她也成為了這個辦公室的「外人」。

有些人不懂得說話時掌握分寸，「快人快語」在人際交往中容易得罪他人，會致使自己在人際關係上屢遭挫折。

千萬要記住，不要以心直口快作為擋箭牌，心口一致固然好，但要留個餘地，該直則直，該彎則彎。即使需要直接對別人提出批評時，也應講究方法，讓對方理解你真是為他好，引起他發自內心的自我批評，才會起到批評的效果。

一天中午，查理斯路過煉鋼工廠，發現幾個工人在抽菸，而就在他們的頭上，掛著一塊寫有「禁止吸菸」字樣的牌子。這位老闆怎麼教訓他的夥計們呢？痛斥一頓嗎？拍著牌子說：「你們不識字嗎？」不，都不是。

老闆深諳批評之道，他走到這些人面前，遞給每人一支雪茄，說：「年輕人，如果你們願意到別處去吸菸，我將非常感謝。」膽戰心驚的工人們心裡有數，老闆知道他們違反了規矩，但他什麼也沒有說，反而送給每人一支雪茄。他們感到了自己的重要，保住了面子，也因此而更加敬重自己的上司，這樣的老闆誰會不喜歡呢？

同樣，如果在談話時能夠靈活機警，則同樣會帶來意想不到的效果。

古時某布政使請按察使喝酒。席間，布政使因自己的兒子太多而表示憂慮。按察使只有一個兒子，又為兒子太少而發愁。一案吏在旁邊說：「子好不需多。」布政使聽了這話，於是說：「我的兒子多，又怎麼辦呢？」那位案吏回答說：「子好不愁多。」二人皆大歡喜，大加讚賞，一起舉杯痛飲。

所以，一個心理成熟、懂得社交技巧的人應該知道，在什麼時候該以怎樣合適的方式說話。實話不一定要直說，而可以幽默說、婉轉說或者延遲點說，私下交流而不是當眾說等等。同樣是說實話，用不同的方式說，效果會有很大的不同。

學會拒絕，恰當說「不」

說「不」是每個人的權利，就像我們要生存一樣。當然，拒絕別人也不是件容易的事情。正如一位學者所說：「求人辦事固然是一件難事，而當別人求你辦事，你又不得不拒絕的時候，也是叫人萬分頭痛的。因為每個人都希望得到別人的重視，同時我們也不希望帶給別人不愉快，所以也就很難說出拒絕別人的話。」

學會拒絕是人生應具備的基本功之一，唯有恰當拒絕一些不必要的干擾，我們才能集中精力，去完成更為重要的事情。

當我們想拒絕別人時，心裡總是想：「不，不行，不能這樣做，不能答應！」可是，嘴上卻含糊不清說：「這個……好吧……可是……」有時還會習慣性認為，拒絕別人的要求是一種不良的習慣。

因此，在很多時候，還沒來得及聽清別人的要求是什麼，就心不在焉答應了，常把自己推入兩難的境地。因此我們要有效把握自己的語言順序，學會適當拒絕別人。但是過於直率拒絕問題，一直說「不」，很容易得罪人，不利於待人接物，這就需要我們掌握拒絕的技巧。

（1）時刻準備好說「不」

那些在別人不論提出多不合理的要求時都很難說「不」的人，通常是由於以下原因造成的：首先對自己的判斷力缺乏自信，不知道什麼是自己應該做的，什麼是別人不該期望自己做的；其次渴望討別人喜歡，擔心拒絕別人的請求會讓人輕視自己；最後是自卑作怪，因而把別人看成是能控制自己的上位者。然而，不論出於何種理由，這些不敢說「不」的人通常承認自己受感情所支配，不管過去的經歷如何，他們從未在別人提出要求時有一個準備好的答覆。

(2)用沉默表示拒絕

當別人問：「你喜歡某某嗎？」你心裡並不喜歡，這時，你可以不表態，或者一笑置之，別人即會明白。一位不大熟識的朋友邀請你參加晚會，送來請帖，你可以不予回覆。它本身說明，你不願參加這樣的活動。

(3)用拖延表示你的拒絕

一位異性想和你約會，他在電話裡問你：「今天晚上去看電影，好嗎？」你可以回答：「明天再約吧，到時候我打電話給你。」

一位客人請求你替他換個房間，你可以說：「對不起，這必須由值班經理決定，他現在不在。」

你和戀人一起上街，戀人看到一件好看的衣服，很想買，你可以拍拍口袋：「糟糕，我忘了帶錢包。」

有人想找你談話，你看看行程表：「對不起，我還要參加一個會議，改天可以嗎？」

（4）用迴避表示拒絕

你和朋友去看了一部無聊的喜劇片，出電影院後，朋友問：「這部片子怎麼樣？」你可以回答：「我更喜歡抒情一點的片子。」

你覺得你正在發燒，但不想告訴朋友，以免引起擔心。朋友關心問道：「你量量體溫吧？」你可以說：「沒關係，今天天氣不太好。」

（5）選擇其他話題說出「不」

當別人向你提出某種要求時，他們往往透過迂回婉轉的方式，繞個大彎再說出原意，如果你在他談到一半時就知道了他的意圖，並清楚自己不能滿足他的願望時，你不妨把話題岔開，說些別的，讓他知道這樣做只會讓你為難，他也就會知難而退了。

（6）用反問表示你的意見

在和別人一起談論物價問題時當對方問：「你是否認為物價增長過快？」你可以回答：「那麼你認為增長太慢了嗎？」

你的朋友問：「你喜歡我嗎？」你可以回答：「你認為我喜歡你嗎？」

（7）友好說「不」

你想對別人的意見表示不同意時，要注意把對意見的態度和對人的態度區分開來，對意見要堅決拒絕，對人則要熱情友好。

一位作家想和某教授交個朋友，作家對教授熱情說道：「今晚我請你共進晚餐，你願意嗎？」

不巧教授正忙於準備學術報告會的講稿，實在抽不出時間，於是，他誠摯笑了笑，帶著歉意說：「對你的邀請，我感到非常榮幸，可是我正忙於準備講稿，實在無法脫身，十分抱歉！」

（8）巧妙說「不」

當一個你並不喜歡的人邀請你吃飯或遊玩時，你可以禮貌說道：「我老媽叫我和她一起去看外婆呢！」這種說法在隱藏了個人意願的同時，大大減輕了被拒絕一方的失望和難堪。

（9）用搪塞辭令拒絕

外交官們在遇到他們不想回答或不願回答的問題時，總是用一句話來搪塞：「無可奉告。」

生活中，當我們暫時無法說具體的答案時，也可用這句話，還有一些話可以用來搪塞：

「天知道」、「時間會告訴你答案的」等。

(10) 用幽默方式說出「不」

在羅斯福還沒有當選美國總統時，曾在海軍擔任要職，一天，一位好友由於好奇向羅斯福問起海軍在加勒比海一個小島上建設基地的情況。

羅斯福向四周看了看，對著朋友耳朵小聲說：「你能保密嗎？」

「當然能，誰叫我們是朋友呢？」朋友挺有誠意回答說。

「我也能，親愛的。」羅斯福一邊說，一邊對朋友做了個鬼臉，兩人大笑起來。

可見，如果以幽默的方式說「不」，氣氛會馬上鬆弛下來，彼此都感覺不到有壓力。

學會委婉的拒絕，恰當說「不」並不是一件難事，只要理解了上面的幾種方法，用最理想的方式表達自己的否定想法，並把它融入到實際生活中，一定會對自己的人際交往有所幫助。

真誠的讚美，可以獲得良好的人際關係

愛美之心人皆有之，每個人都具有不同的個性，也都具有不同的優缺點，每個人都在乎外界對自己的肯定和讚揚，抓住每個人的個性，讚美他們的優點，是協調人際關係的有效手段之一。真誠的讚美，會使你獲得良好的人際關係，會讓你感到其樂融融。

有一位工程師史先生，他想要降低房租，但他知道他的房東是相當頑固的，他說：「我寫信給房東，聲稱在租約期滿後，準備遷出，實際上我並不想遷居，只希望能減低租金，但依情勢來看，不會有太大希望，因為許多的房客都失敗過，那房東是難以應付的，不過我正在學習如何待人的技術，因此我決定試驗一下，房東收到我的信後，不出幾天就來看我，我在門口客氣迎接他，我充滿了和善和熱誠，我沒有開口就提及房租太高，我開始談論我是如何喜歡他這房子，我做的是『誠於嘉許寬於稱道』。我恭維他管理房舍的方法，並告訴他很願意繼續住下去，但是限於經濟能力不能負擔。」

「顯然，他從未接受過房客如此的肯定和款待，他幾乎不知如何是好，於是他開始向我吐露，他也有他的困難，有一位抱怨的房客，曾寫過十多封信給他，簡直是在侮辱他，更有人曾指責，假如房東不能增加設備，他就要取消租約。」

「臨走時他告訴我：『你是一個爽快的人，我樂於有你這樣一位房客。』沒有經過我的請求，他便自動減低了一點租金，我希望再減一點，於是我提出了我的數目，於是他便毫無難色答應了。當他離開時，還問我：『有什麼需要替你裝修的嗎？』」

「假如我用了別的房客的方法去減低租金，一定會遭遇和他們同樣的失敗，可是我用了友善、同情、欣賞、讚美的方法，使我獲得了勝利。」

當然，讚美別人要真心，要恰如其分，不要言過其實，說得天花亂墜，過了頭的就不是讚美，而是「拍馬屁」了。因人、因時、因地、因場合適當讚美人，是對別人的鼓勵和鞭策。年輕人愛聽有風度的讚語；中年人愛聽幽默風趣、成熟穩健的讚語；老年人愛聽經驗豐富、老當益壯、德高望重的讚語；女孩愛聽年輕漂亮、穿著好看的讚語；孩子愛聽活潑可愛、聰明伶俐的讚語；病人愛聽病情好轉、精神不錯的讚語。

取人之長補己之短，抬著頭看別人，你就會越走越高，反之總覺得別人不如自己，高高在上，低著頭看別人你就會越走越低。善於發現別人的長處，還必須善於讚美，讚美別人的同時，你的心靈得到淨化，你就會發現世界無限美好，人間無限溫暖。

讚美也無需刻意修飾，只要源於生活，發自內心，真情流露，就會收到讚美之效。但要更好發揮讚美的效果，也需要注意以下幾個要點。

(1) 實事求是，措辭恰當

當你準備讚美別人時，首先要考慮一下，這種讚美，對方聽了是否相信，第三者聽了是否不以為然，一旦出現異議，你有無足夠的理由證明自己的讚美是有根據的。

一位老師讚美學生們：「你們都是好孩子，活潑、可愛、學習認真，做你們的老師，我很高興。」這話很有分寸，使學生們既努力學習，又不會驕傲。但如果這位老師說：「你們都很聰明，將來會有很大的成就，比其他班的同學強多了。」效果就大不一樣了。

（2）讚美要具體、深入、細緻

抽象的東西往往不具體，難以留給人深刻印象。如果稱讚一個初次見面的人「你給我們的感覺真好」，那麼這句話一點作用都沒有，說完便過去了，不能留下任何印象。但是，倘若你稱讚一個好推銷員：「小王這個人為人辦事的原則和態度非常難得，無論給他多少商品，只要他肯接，就絕對不用你擔心。」那麼由於你挖掘了對方不太明顯的優點，給予讚揚，增加了對方的價值感，因此讚美起的作用會很大。

（3）熱情洋溢

漫不經心地對對方說上一千句讚揚的話，也等於白說。缺乏熱情的、空洞的稱讚，並不能使對方高興，有時還可能由於你的敷衍而引起對方的反感和不滿。

（4）讚美多用於鼓勵

無論任何人做任何事情，都有第一次的時候，如果對方第一次做得不好，你應該真誠讚美一番：「第一次有這樣的表現已經很不容易了！」別人會因為你的讚美而樹立信心，下次自然會做得更好。

對別人的讚美要客觀、有尺度、出於真心，而不是阿諛奉承、刻意恭維討好，這樣做會適得其反，會引起別人反感。讚美之辭既是對別人成績的肯定，使聽者感受到自己存在的價值，激發他人努力去做出更大的成就，與此同時自己也能獲得無限的快樂。

學會批評，批評是一種藝術

有許多時候，我們往往會遇到不便直言之事，只好用閃爍之詞來暗示。

一位顧客坐在一家高級餐館的桌旁，把餐巾繫在脖子上，這種不文雅的舉動讓其他顧客很反感。經理叫來一位服務生說：「你去提醒這位紳士，在我們餐館裡，那樣做是不允許的，但話要說得盡量含蓄。」

怎麼辦呢？既要不得罪顧客，又要提醒他。服務生想了想，走過去很有禮貌問了那位顧客一句話，說：「先生，你要刮鬍子呢，還是理髮？」話音剛落，那位顧客立即意識到自己的失禮，趕快取下了餐巾。

服務生沒有直接指出客人有失體統之處，而是拐彎抹角問了兩件與餐館毫不相干的事。表面看來，似乎是服務生問錯，但實際上正是透過這種風牛馬不相及的事情來提醒這位顧客，即使顧客意識到自己的失禮之處，又做到禮貌周到，不傷面子。這就是委婉的妙用。

說話直言不諱是許多人所推崇的，但是生活中，並非處處都能直說，有時非得含蓄、委婉一些，才能使表達效果更佳。直道跑好馬，曲徑可通幽，各有各的妙處。

一輛電車上人很多，而這時又上來一位抱小孩的婦女，於是車站工作人員對乘客說：「哪位能讓座給這位抱小孩的女士呢？」但沒想到她連喊兩次，無人響應。車站工作人員站起來，用期待的目光看了看靠在窗戶處的幾位年輕乘客，提高嗓音：「抱小孩的女士，請您往裡走，靠窗口坐的幾位年輕人都想讓座給您，但就是沒看見您。」話音剛落，「呼啦」一聲，幾位年輕人都不約而同站了起來讓座。這位女士坐下之後，只顧喘氣定神，忘記對讓座的年輕人道謝，年輕人面有冷色。車站工作人員看在眼裡，心裡明白，他逗著小孩說：「小朋友，叔叔讓座給你，你還不謝謝叔叔。」一語提醒了那位婦女，連忙拉著孩子說：「快，謝謝叔叔。」年輕人聽到小孩道謝時，臉色由冷變喜，連聲說：「不客氣了。」

生活中，要理解人們的合理需要，愛護人的自尊心，只有這樣才能把話說到別人心坎裡去。如果不能根據交際對象的心理，選擇恰當的語言形式，話一出口先挫傷他人的自尊心，必然引起對方的不快，甚至爭吵。試想，車站人員請人讓座時說：「那麼大一個人一點也沒有自覺。」在勸女士道謝時說：「別人讓座給你，你也不知道說句謝謝」，後果會如何呢？

批評是一種藝術，批評別人而要使其口服心服，就要講究竅門，下面談談一些可行的批評辦法。

（1）請教式批評

有一個人在一處禁捕的水庫網魚，遠處走來一位員警，捕魚者心想這下糟了。員警走來後，出乎意料，不僅沒有大聲訓斥，反而和氣說道：「先生，你在此洗網，下游的河水豈不被汙染了？」這番話令捕魚者十分感動，連忙道歉。

（2）暗示式批評

某公司的工人小王要結婚了，工會主任問他：「小王，你們的婚禮準備怎麼辦呢？」小王不好意思說道：「依我的意見是想要簡單點，可是岳母說，她就只有這個獨生女……」主任說：「哦，我們公司還有小李、小張都是獨生女。」這段話雙方都用了隱語。小王的意思是婚禮不得不辦，而主任則暗示：別人也是獨生女，但能新事新辦。

（3）模糊式批評

某公司為整頓紀律，召開員工大會，會上主管說：「最近一段時間，我們公司的紀律總體而言是好的，但也有少數人表現較差，有的遲到早退，上班吹牛談天……」這裡，用了不少模糊語言：「最近一段時間」、「總體而言」、「有的」、「也有」等等。這樣既照顧了員工面子，又指出了問題。它沒有指名、實際上又指名，並且說話又具有某種彈性，通常這種說法比直接點名批評效果更好。

（4）安慰式批評

年輕的作家向兩位著名作家大師請教詩歌創作，兩位大師一邊聽他朗讀詩作，一邊喝香檳酒，聽完後說：「你這首詩，句子雖然像塊牛蹄筋，不過我讀過比這還壞的詩，這首詩就像這杯香檳酒，勉強還能喝下。」這個批評雖嚴厲，但有餘地，給了對方一些安慰。

（5）漸進式批評

漸進式批評就是逐漸輸出批評資訊，有層次的批評，這樣可以使被批評者對批評逐漸適應，逐步接受，不至於一下子「談崩」，或因受批評背上沉重的包袱。

（6）委婉式批評

委婉式批評又叫間接式批評，一般都採用以彼批此的方法聲東擊西，讓被批評者有一個思考的餘地，其特點是含蓄蘊藉，不傷被批評者的自尊心。

（7）指出「錯」時也指明「對」

大多數的批評者，往往是把重點放在指出對方「錯」的地方，但卻不能清楚指明「對」的地方應該怎麼做。有的人批評人家說：「你非這樣不可嗎？」這是一句廢話，因為沒有實際內容，只是純粹表示個人不滿意。又如一位丈夫埋怨妻子說：「家裡一團糟，又有客人要來，你怎麼只坐在那裡化妝？」這種話也不會起作用，他只說了一半。

(8) 別忘了用「我」字

一位女員工對其同事說：「你這套時裝過時了，真難看。」這只能是主觀意見，他人未見得有同感。正確的表達方式，應當說明是你個人自己的看法，僅供參考。這樣，人家比較能聽得入耳，甚至有興趣了解一下你為什麼有此看法。

(9) 克制「我」的情緒

在批評之前你首先要觀察自己，你覺得自己的心情緊張嗎？對對方心存不滿嗎？把你的感受——憤怒、埋怨、責怪、嫉妒等先清理一下是有好處的。

有經驗的批評家認為，未開口批評人家之前，先檢討一下自己所持的是什麼態度，是積極還是消極？情緒不好是很難掩飾的，而這種情緒有極強的傳染力。一旦對方感覺這一點，立刻會激起同樣的情緒，立即會拋開你的批評內容，計較起態度，這種互為影響的情緒會把批評帶入僵局，因此智者不可不慮。

事實上，每個人都不願接受批評。批評畢竟是件人人都排拒的事，但只要有點語言口才技巧，每個人也都樂意接受批評。

動之以情，曉之以理

曉之以理，就是講道理。簡單的事情，小道理，一兩個典型事例，再加上簡明、扼要的分析，道理就可以講清楚；複雜的事情，大道理，涉及多方面的因素，觸動一點就牽動全域，必須全方位、多層次、多角度做一系列的說服工作，從多方面展開心理攻勢，並以嚴密的邏輯推理，如水到渠成得出結論。這個結論不宜由自己單方面推斷出來交給對方，最好以徵詢意見的口氣引導對方和你一起來推理，共同探討得出結論。讓他把你的意見、主張，當作自己尋求的答案，自願接受，自動就範。

這樣的說服更高明，因為對於經過自己頭腦思考發現的真理，人們更堅信不疑。曉之以理，要滿懷信心，爭取主動，先取攻勢，當對方已明確、堅決表示「不行」、「不做」、「不同意」等等之後，再說服他，就要付出加倍的努力。當然，爭取主動仍要運用委婉、商榷的語氣，切忌盛氣凌人、以勢壓人。如對方因此而產生叛逆心理，再說服他，同樣也要付出加倍的努力。

曉之以理，還要結合動之以情，通情才能達理。有時講大道理，教育對象並非對道理本身不接受，而是與講道理的人感情上合不來。這時講道理的人要善於聯絡感情，要注意反省自己有無令對方反感的地方，及時克服和糾正。尤其當對方抵觸反感情緒較大時，首先要以誠相待，要在理解、尊重、關心的原則基礎上，再講道理。

牧師布道宣傳的是唯心主義的宗教，但因以情動人，往往能在催人淚下的同時，不露痕跡對聽眾施加思想影響，使人不知不覺接受其教義，這就是情感的力量。對於形象思維強於邏輯思維的青少年兒童，對於多數平日沒有深刻理論思維習慣的人，以事比事，將心比心，運用其自身或熟人的經驗教訓，再加上感情色彩濃厚的語言，去繪聲繪色訴說，易令人感到親切可信，引發情感上的共鳴，從而為接受道理掃清障礙，鋪平了道路。

要說服別人，最大的障礙就是對方的「心理防線」。因此，設法動搖對方的心理防線，是說服對方的關鍵所在。那麼，如何動搖對方的心理防線呢？除了要曉之以理，具有充實的內容外，更要動之以情，掌握一定的方法和技巧。

(1)在尊重對方的基礎上勸說

人都是有自尊心的，任何人都希望得到別人的尊重，即使是學生、孩子也希望得到老師、家長的認可。而一個人在受到別人尊敬時，心情會特別輕鬆愉快，在這種情況下勸說對方，往往會取得事半功倍的效果。

(2)強調與對方在某些方面的相似之處

找出與對方彼此一致的共同點，便可產生「自己人」的效應，不僅導致彼此喜歡，還可以使互相產生信任感。在一些著名演說家的演說詞中，常常出現這類詞句：「我們所想的」、「我們這種表現」等等。他們常以「我們」替代「我」這個詞，這樣在聽眾中就會達成一種共識：這是我們大家的，而產生了一種共鳴。演說家的高明在於把自己融於聽眾之中，讓聽眾接納他，令聽眾成為被說服者。在我們的日常生活中，要想勸說成功，不妨也使用演說家這種慣用的說服技巧，挖掘自己與對方的相似因素，譬如文化背景方面、年齡方面、社會經歷方面、工作專業方面、思想感情方面、興趣愛好方面等等。

(3)以對方的立場為出發點

考慮對方的立場，發掘對方的欲求、情感是說服的基本方法之一。想要說服別人，不妨設身處地以對方的立場為出發點，找到對方重視的重點所在，使被說服者意識到自己的觀點、做法將會帶來什麼樣的後果。這樣，就能緊緊抓住對方的心，而達到說服對方的目的。

勸說是一種常見的極有說服力的語言方式，之所以備受青睞，是因為它是用「情」打動對方。

第八個行為習慣　擁有科學理財的習慣

富有也有富有的習慣，貧窮也有貧窮的習慣。富人養成富有的習慣收穫富有，窮人養成貧窮的習慣收穫貧窮。也就是說，理財習慣往往決定一個人是富有還是貧窮。

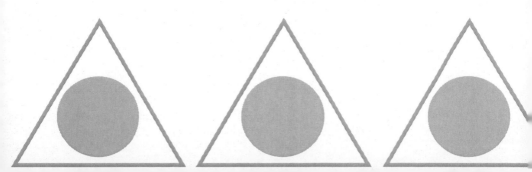

儲存財富的同時，也儲存了成功的機會

有些人只知道消費，不懂理財。如果他賺到了兩百元，他會去買柴米油鹽；賺到三百元，他會去買酒買肉；賺到五百元，他會去買套體面的衣服，最後剩下數十元也要買幾注彩票。他們習慣了這種觀念，有了錢就只想改善生活，哪怕一下子賺到了一百萬，他想的還是先把錢變成車子，好讓所有人都知道他已經不是窮人了！但這些東西是不能增值的，反而消耗錢財。有了車，就有了汽油費、保養費、修理費、保險費，就算你停著不動，那一筆停車費也夠普通人多少天的餐飲了，賺再多的錢如果只出不進，沒多久也會耗光。

有些人缺的不是資本，而是經營資本的經驗和技巧，不懂儲蓄，也就只能一直白忙下去。養成儲蓄的習慣並不限制我們賺錢的才能，相反，這習慣被窮人應用後，不僅使我們賺的錢都好好存起來，而且會提供更廣泛的機會給我們。

善於理財對於所有的人而言，是成功的基本條件之一，但是那些未存錢的人最關心的是：「我應該如何存錢呢？」

不要小看簡單的儲蓄理財方式，在儲存財富的同時，我們也儲存了成功的機會。

小張原來是某公司的一個普通員工，他從進公司的第一天起，就養成了儲蓄的習慣。當然，光靠這點微薄的薪水發財致富那是不可能的，小張省吃儉用，好日子也當苦日子過，幾年

下來，已積攢幾萬元的存款。隨著經濟的發展，資訊的交流越來越重要。小張看準市場，把握住時機，利用自己的全部積蓄和另一個朋友開了一家小型資訊服務中心，兩年下來，他竟然獲利幾十萬元。公司也由當初的兩人增加到十幾個人，自己還做了公司經理。

資訊時代裡，能看到資訊商機的人很多，但是為什麼很多人都沒有走這條路呢？多數情況還是他們的手中沒有資金投資。

有些人總是錯誤的希望「等我收人夠多的時候，一切都能改善」。但事實上，我們的生活品質是和收入同步提高的，我們賺得愈多，需要也愈多。事實說明，不儲蓄的人，最後唯一能夠擁有的就是債務。

任何行為在重複做過幾次之後，就變成了一種習慣，而人的意志也只不過是從我們的日常習慣中成長出來的一種推動力量。

數以百萬計的人之所以生活在貧困中，主要是因為他們誤用了習慣的法則。那些擺脫不掉貧困生活的人很少會知道，他們目前的困境其實是他們自己所造成的後果。

養成儲蓄的習慣，並不表示賺錢能力受到限制。正好相反，我們在應用這項法則後，不僅將把偶然所賺的錢有系統保存下來，也使我們擁有更多的機會。

所以，在還沒有成為大資本家或大富豪之前，先把自己當作存錢罐，額度就是支出要少於收入。這聽起來好像沒有什麼了不起，但可以確定的是，學會有目的的儲蓄，確實讓人感到快樂，對以後事業的發展也是一件很有意義的事。

保險是一把財務保護傘，把家庭風險交給保險公司

沒有人能夠預測一個家庭是否會遇到意外傷害、重病、天災等不確定因素，保險是一把財務保護傘，它能讓家庭把風險交給保險公司，即使有意外，也能使家庭得以維持基本的生活品質。保險投資在家庭投資活動中也許並不是最重要的，但卻是最必需的。可供我們選擇的保險有很多種，主要有財產保險和人身保險兩大類。家庭財產保險是用來補償物質及利益經濟損失的一種保險；人身保險是對人身的生、老、病、死以及失業給付保險金的保險。

有一位女士的先生一直沒有買保險，結婚後他們買了房子，生了小孩，沒想到先生卻突然逝世，留下了沉重的房貸，家庭經濟頓時緊張起來。

因此我們的理財原則是：先針對人生可能的風險投保，再談投資。買保險，算是先「破財」，再「消災」。人這輩子生老病死、投資失誤、婚姻失敗，像這樣的災禍總是難免一二的，買保險不是為了讓未來錦上添花，而是為了讓現在的自己向未來的自己雪中送炭。

但是，有些人投資保險並不理性，顯然有成為「險奴」的傾向。有位在公司工作的汪小

姐，近年為自己和丈夫及家中老人購買了四份保險，每年保費支出近十五萬元，令她十分苦惱。保險業內人士指出，容易成為「險奴」的，主要是中低收入或年收入不穩定者。他們經濟能力有限，缺乏穩定收入來源，一旦投保過量或收入中斷，續期的保費繳納就難以為繼。

因此，對於收入不高的家庭或個人而言，要在經濟承受範圍內做好商業保險規劃，險種選擇上應偏向消費型。雖然繳納的保費會慢慢費盡，但能獲得保險期內的有效保障，達到保險的目的，也是物有所值。此外，若感覺自己有成為「險奴」的趨勢，不妨找專家做保單「體檢」，去除不必要的部分。因為，雖然按照保險業內認同的標準，保費占比為家庭收入百分之二十為宜，但隨著家庭結構和經濟收入的變化，還是可以調整的。

總之，買保險須量力而行，恰當的保障是必需的，但是保險也不是越多越好，雖然保險多，保障也多，但投保是需要成本的，投保的根本原則是盡可能以較小代價獲得較全面的保障。若成為「險奴」，每天總是為保險公司「打工」，就不可取了，所以在購買保險的時候，還要遵循一定的基本原則。

要重視高額損失，自留低額損失。確定保險需求的首要考慮是風險損害程度，然後是發生頻率。損害大、頻率高的損害優先考慮保險。較小的損失家庭能承受得了的，一般不用投保。

其次，還需要把保險專案科學組合，注意利用各附加險。許多險種除了主險外，還帶了各種附加險。你購買了主險種，如果有需要，也可購買其附加險，這樣可以避免重複購買多項保險。例如，購買人壽險時附加意外傷害險，就不需要再購買單獨的意外傷害險了。附加險的保費比單獨保險來說較低，可以節省保費。所以綜合考慮各保險專案的合理組合，既可以得到全面保障，又能夠有效利用資金。

對於家庭來說，必須識別家庭所面臨的風險，根據風險種類和發生的可能性來選擇險種。例如，家庭中的主要收入者是家庭的經濟支柱，因此家庭的首要保險就應該是主要收入者的生命和身體的保險。

股市有風險，投資需謹慎

有經濟學家曾說：炒股不創造財富，只是財富的再分配，是把錢從這個人的口袋裡拿到那個人的口袋裡罷了。炒股要能增加財富，如同一個人想抓著自己的頭髮離開地球一樣，是很荒唐的，因此，他認為股市很像個大賭場。

他的話引起了經濟學界的軒然大波，更讓股民們憤憤不平，有那麼多人靠股市賺到了錢，買到了房子和車，他怎麼說炒股不創造財富？

這裡需要說明的是，他說的「財富」不是你銀行帳戶裡的財富。股票可以帶給某些人更多的錢，但是它不能憑空讓一塊金子變成兩塊。想說清楚這個道理，還要分析一下股票是什麼。

股票，其實是一種權利憑證，是股份有限公司在籌集資本時向出資人發行的股份憑證，代表著其持有者（即股東）對股份公司的所有權。這種所有權是一種綜合權利，如參加股東大會、投票表決、參與公司的重大決策、收取股息或分享紅利等。

同一類別的每檔股票所代表的公司所有權是相等的，每個股東所擁有的公司所有權份額的大小，取決於其持有的股票數量占公司總股本的比重。也就是說，你是公司的一分子，公司發展需要錢，你為公司出了錢，公司就給你一個憑證，靠這個憑證，你就可以參加股東大會、對公司的某些決策發表看法，等到公司賺了錢，你可以分到你應得的那一份。你出的多，權利就大，拿的就多；你出的少，權利就少，拿的就少。並不是你借錢給公司，而是你「入夥」一起經營、管理公司。你和公司之間不是債權債務關係，你是公司的所有者，以出資額為限對公司負有限責任，承擔風險，分享收益。

股票一般可以透過買賣方式有償轉讓，股東能透過股票轉讓收回其投資，但不能要求公司返還其出資。股票持有者憑股票從股份公司取得的收入是股息，股息的發配取決於公司的股息政策，如果公司不發派股息，股東沒有獲得股息的權利。

特別股股東可以獲得固定金額的股息，而普通股股東的股息是與公司的利潤相關的。普通股股東股息的發派在特別股股東之後，必須所有的特別股股東滿額獲得他們曾被承諾的股息之後，普通股股東才有權利發派股息。

股票至今已有近四百年的歷史，它伴隨著股份制公司的出現而出現。隨著企業經營規模擴大與資本需求不足，需要一種方式來讓公司獲得大量的資金，於是產生了以股份制公司形態出現的、股東共同出資經營的企業組織。

股票和做任何生意一樣，做什麼行業、做什麼產品、什麼時間做最好、具體每一步該怎麼做，這都是事先要想好的。具體到股票，包括以下幾個方面：

(1)選時，選擇最有利的時機介入。市場是有週期性的，漲多了就會跌，跌多了就會漲，所有的證券市場都是這樣。

(2)選股，建一個適合你投資風格的股票池。你不可能跟蹤所有的股票。你要仔細閱讀每家公司的公開訊息，從中選出有良好預期的個股，堅持對他們跟蹤，在適當的時機採取行動。如果你每天只關注三到四檔股票，你的工作量就會相對較小，精力更加集中，操作成功的機會就會大大增加。收益是否有大幅的增長，以及上市公司的成長性，是股價上漲最主要的推動力。基金的研究能力較強，捕捉市場機會的能力也很強，他們是否願意買進一檔股票，也可以作為你選股的參考。

（3）做一個詳細的操作計畫。這樣能記錄你在買進股票時的想法，可以幫助你控制情緒，讓你有一個思考的過程，便於你總結經驗教訓。

（4）如何在股市獲得穩定的利潤。人們通常認為股市高手每戰必贏，神祕莫測，可望而不可即，其實不然。高手怎麼獲利呢？他們每次的虧損有限，一般控制在最多百分之七到八左右，而每次的贏利則在百分之二十到三十，甚至幾倍。這樣長遠看來，他們的收益就很可觀了。如果你也能這樣做，在看錯了的時候堅決止損，在看對了的時候堅持持股，你也能獲得可觀的贏利。只買基本面有良好預期的股票，只在適當的時機買進有技術面支援的股票，設立止損位和贏利位，做一個詳細的計畫，總結經驗和教訓，堅持下來，你就建立了良好的獲利模式，這樣，你一定能在股市中實現穩定的利潤。

有一位經濟學家說，經濟學是一門由簡單的常識加上複雜的術語包裝起來的學科。這話雖然是戲言，卻道出了經濟學的真諦。股票炒作的原理又何嘗不是如此呢？

在股票市場上，有許許多多、大同小異、流派各異的理論和分析技術，每一種理論和分析技術都有各自的應用原理。但是，殊途同歸，任何理論和技術的出現，終極目的都是相同的，只不過是各自的切入點略有不同而已。

作為一位投資者，要想在股市上獲得真正的成功，其實並不需要將所有的理論和分析技術都了解通透，炒股並不需要那麼多繁文縟節的東西。越是簡單實用的東西，越能夠直截了當實現自己的贏利目標。

房子不但可以投資，還可以賺錢

如果你有一筆閒錢，存在銀行裡利息太低，炒股又擔心風險太大，那麼投資房地產也是一個不錯的選擇，既可收取租金，又可期望升值變現。

從房地產的走勢中長期看，房地產價格應是上漲的過程，因為房地產不同於金融投資品，它有一定的剛性需求，房地產始終是必需品，而且城鎮還會有新增加的人口，必也將會帶動房地產市場。

投資房地產，確實讓一些人一夜之間成了富翁，它可能讓一位看上去普普通通的老太太，擁有千萬元價值的房產，靠收房租為生。

眾所周知，以買賣形式做房產交易，存在著較大的風險性：一是低買高賣的時機難以把握；二是交易成本高，且缺乏靈活的變現能力。但買房用於出租，以收租獲取投資回報則靈活得多。而且業內人士也認為，買房除滿足自己居住需求外，用於租賃投資將成為一種發展方向，這也是住房市場化的必然結果。

房地產業的投資價值主要決定於該房地產業的服務品質、租金回報和地理位置，而在一些城市，房地產業服務的品質是租房者關注的重點。由於投資者大部分不是建築業專家，因此，很難對房地產業的內在品質評估和判斷。所以，考察開發商的實力和開發物業以前的業績，就成為最直接也是最有效的辦法。

與商業用房相比，投資住宅一般比較安全，只要區位不是特別偏遠，升值會比較穩定。需要注意的是，你要設法了解城市的規劃，選擇那些規劃規模較大，各項基礎設施完善，正處在開發之中的專案投資，因為這類專案一旦開發建成之後，房產的價格肯定會比你購買時的價格高出很多。

有不少購房者，在選擇商品房時，以選擇郊區或新區的住宅為目標，他們的精明同樣令人佩服。購買同樣面積的一座市中心住宅，其價格相當於購買郊區（或新區）住宅加上轎車，且居住環境、增值潛力等均要比購買市中心住宅優越。

投資房地產需要有長遠的眼光，商品房買賣是各類商品買賣中動用資金最大、各種制約因素最多的一種交易活動，因此，在交易過程中，不但要詳知各項程序和操作方法，而且要講究策略，考慮好房產的升值空間。那麼，什麼樣的房產最具有升值潛力呢？

首先，房產作為不動產，其地理位置是最具升值潛力的條件，那些捷運、大型商圈、交通樞紐等地段的房產升值潛力比較大。

其次，所購房產周邊的基本配套設施、是否有便捷的交通、學校，都將推動升值。

再次，房產所屬社區的綜合水準、安全保障、公共環境以及房屋本身的價值等，都是房產升值的評判標準。

最後，還要看該房產所屬地的出租率和租金情況。不動產作為商品有兩種變現方法：一是出售，二是出租。一個地區的不動產銷售資料有時會失真，但出租行情為使用者直接使用，其租金和出租率較為真實，會明確告知你該地區房地產業的真實價值。同時，租金和出租率也是不動產短期收益的衡量指標。

房產投資有時只需簡單的預測和分析即可幫助投資者快速作出判斷，有的需要專業投資分析，計算另外一些指標以增加可靠性。比如，一處地段好的房產可能現在的租金回報率不高，但具有較佳的升值前景，或者一套普通住宅能夠享受稅收減免。值得房產購買者注意的是，這其中並沒有考慮如通貨膨脹、貨幣升值等問題，因此，該方法只適用於對房產作出大致的價值參考判斷。

合理安排投資計畫，管理投資資產

基金是一種以投資時間的長度換取低風險高收益的品種，是一種少勞而多得的投資品種。它能在獲得財富、承受風險、投入時間之間取得很好的平衡，讓投資人在享受物質財富增長的同時，擁有一份安心而悠閒的生活。

簡單一句話，基金就是讓專家幫忙打理你的財富，你和他都從中獲取一定的收益。如果說買股票是親自「玩心跳」，買基金則是找一個你覺得放心的人替你「心跳」，你坐享其成。當然了，這便宜不是那麼好占的，你不能著急，不能像股票那樣很快獲得收益，一般來說，基金是一項長期投資計畫，最少半年才有分紅。

把自己的錢交給專家打理，你就不用像股民一樣盯著股市心驚肉跳了。但是，到哪裡去找這個放心可靠的「專家」呢？換句話說，如何選擇什麼基金呢？

如何去選擇基金，是個非常老套的話題，在買基金前，首先了解自己資金的特點。比如說，你的錢是一年以後要交孩子學費的，那麼這個錢是既沒有時間彈性又沒有金額彈性的，到期你必須拿出確定的錢來。進入市場後一旦出現虧損，面對越來越近的交款時間，是止損還是繼續？此時投資者的心態很難理性決策，加上市場的短期波動，出現投資損失是正常的。因此，這樣的錢，最好選擇更為穩健的貨幣基金或者其他的理財產品，而不要投資於股票基金。

但是，如果這筆錢是用來買車的，因為車可以晚點買，該資金就具有一定的彈性。

其次，你還要判斷你的風險承受能力。這時候，你要問自己兩個問題，你能承受多少的損失？當損失真的發生了，你會怎麼辦？這些問題想清楚了，然後仔細研究一下基金管理公司，看看哪家的歷史業績、公司穩定性更值得信賴。再選一個適合自己心理承受能力的產品：原則上投資股票基金的心理承受至少需要百分之二十，投資債券基金需要百分之五以上。之後才是選擇一個符合自己個人偏好的投資策略、投資理念等其他內容。

透過以上分析，可以每類產品選二到三個公司的三到四個產品投資，就可以降低自己的基金選擇風險了。基金投資最基本的策略就是長期持有，只要資金性質是長期可投資的，購買基金之後，每季關注一下基金的情況，如果購買的基金業績在每季中能夠排在相似基金的前百分之五十，就說明選擇成功。每年可以考慮將排名在後基金的贖回或轉換，調整到綜合評價在前列的基金，爭取自己的投資能夠有持續獲得較高收益的概率。

總之，投資基金是個放長線釣大魚的任務，購買基金就是承認專家理財要勝過自己，就不要像炒股票一樣去炒作基金，甚至賺個差價就贖回，你要相信基金經理對市場的判斷能力。

其實人人都知道一個道理，那就是「錢」追「錢」比「人」追「錢」來得更快捷有效。但投資一定要理性，要視自己的風險承受能力來選擇，不可盲目。投資不當的話，不僅無法幫你賺到錢，還可能帶來更加嚴重的財務後果。合理安排投資計畫、管理投資資產，這點對於投資者非常重要。

黃金市場，帶給你「黃金機遇」

黃金作為一種貨幣，具有不變質、易流通、投資、儲蓄等多種功能，當然，黃金的價格也會有變動，不過到任何時候，就算所有的紙幣都不能花了，黃金仍可以充當貨幣。因此，黃金成為人們新的投資品種，尤其在不確定的經濟、政治環境下，黃金作為「沒有國界的貨幣」更受人們的青睞，成為永久、及時的投資方式。

有業內專家指出，和債券、股票等信用類金融產品相比，黃金不存在信用上的風險。此外，所有人都認可其價值，因此能在全球任何一個市場變現。在經濟不振，特別是對紙幣的信任出現動搖時，黃金的貨幣屬性尤其具有吸引力。

主要的黃金投資品種有實物金、紙黃金和黃金期貨等等。實物金買賣包括金條、金幣和金飾等交易，以持有黃金作為投資。這種投資的實質回報率基本與其他方法相同，但涉及的金額一般較高，必須支付儲藏和安全費用，而且持有黃金沒有利息收入，只可以在金價上升之時才可以獲利。一般的金飾買入及賣出價的差額較大，作投資並不適宜，金條及金幣由於不涉及其他成本，是實物金投資的最佳選擇。黃金現貨市場上實物黃金的主要形式是金條和金塊。

紙黃金，通俗來說就是黃金的紙上交易，投資者的買賣交易記錄只在個人預先開立的「黃金存摺帳戶」上呈現，由於紙黃金是不依賴實物的交易，所以不用擔心黃金的儲存、保管，它是以資料的形式記錄在銀行的資料庫中，其安全性遠遠高於銀行存款。紙黃金交易中，投資者無須透過實物的買賣及交收來實現交易，而是採用記帳方式來投資黃金，由於不涉及實物的交收，交易成本可以更低。從變現的程度來說，紙黃金的變現是瞬間到帳的，比股票更具有彈性，只要願意，投資者可以在買入幾分鐘後賣出，而這在股市是不可能實現的。

紙黃金也並非沒有缺陷。雖然它可以等同持有黃金，但是一般不可以換回實物，如想提取實物，只有補足足額資金後才能換取。

要注意的是，紙黃金和實物黃金的共同缺點就是，當黃金價格下跌的時候，投資者就無法執行黃金投資操作了，只能等待下次上漲。如果投資者手中持有黃金，而沒有及時賣出，那麼只能承擔黃金價格下跌的損失了。

黃金期貨投資的缺點是風險較大，需要較強的專業知識和對市場走勢的準確判斷。由於黃金投資的主要目的是保值而不是增值，所以黃金期貨嚴格來說並不能表現出黃金投資的優勢，與其他商品期貨投資更為接近。

事實上，金價的大幅上漲，在很大程度上可以歸因於其作為避險貨幣的特性。與其他任何貨幣一樣，黃金實際上也有多種價格。有研究指出，無論以哪種主要貨幣來計價，長期以來黃金價值都保持了相當的穩定性。

收藏品投資，藝術與金錢的有機結合

常言道：「亂世藏黃金，盛世興收藏。」近些年來，收藏品的價格屢攀高峰，更有的瓷器竟然動輒就拍出數十億的天價，這些驚人的價格究竟是如何出現的？而收藏品的價格又是怎樣確定的呢？

藝術性、工藝性、歷史文化性和稀有性，這幾方面共同構成了藝術品的價值。物以稀為貴，名人名作價格高昂是因其在世存量稀缺，當社會的財富日益膨脹的時候，供求關係緊張，收藏品的價值就會日益增長，價格持續攀高，上述天價油畫的出現就不足為奇了，並且紀錄會不斷刷新。

人類文化產品涵蓋範圍廣博，小說、詩歌、電影、歌舞、音樂、體育……都在其中，然而它們都不可能作為私有財產以物化的形式保存、升值。而藝術收藏品較其他藝術形式，是唯一具備著上述功能的藝術形式，也是唯一一種隨消費過程不會貶值，反而保值和升值的特殊消費品，它的特性保證了其價值有可能呈幾何級數增長。

收藏品一直是比較冷門的投資，因為這項投資有著巨大的收益和風險，因此，投資策略就顯得特別重要。尤其是對於沒有經驗的新手來說，正確的投資方式能夠讓自己規避風險、獲得收益。根據收藏品投資的自身特點，我們不難發現，投資者應該練就一雙慧眼，循序漸進、長線投資、集中化投資。所以想投資收藏品，練就一雙火眼金睛必不可少。特別是古董，如果沒有專業知識是不可輕易介入的。實際上，許多識貨行家也會陰溝裡翻船，甚至許多贗品還躲過了業內頂級專家的眼光，堂而皇之進入了許多國家的藝術殿堂。

那麼，怎麼練就火眼金睛呢？首先，應根據自己的興趣，研究有關資料，多逛逛市場，經常看看展覽，參加些拍賣會，多看，多聽，少買，慢慢培養一定的鑑賞能力。有機會還要多結交一些志同道合的朋友，互相切磋，在實踐中積累經驗，不斷提高鑑賞水準。

選擇收藏品還要考慮自身的支付能力，收藏品投資不是富翁的專利，資金大有大的投資法，資金小有小的投資法。如果是新手，不妨選擇一種長期穩定升值的收藏品來投資，也可以從小件精品入手，一開始時起步低一點，小投資即使虧了也能自己承擔，藉此過程提高自己的鑑賞能力和投資水準，然後再從事大一點的投資，最後向更大的投資進軍。此外，還要正確估算收藏品的投資淨值，要充分考慮購買收藏品、保管收藏品和出售收藏品所付出的各種費用，確定收藏品有一個現成的、價格合理的買賣市場。

因此，不能只圖便宜，希望花小錢能買到好東西，或只是揀價格低的買入。若物有所值，就可大膽買入，否則會錯失精品，喪失贏利機會。對於一個剛剛起步的收藏愛好者，怎樣才能進入收藏品投資領域？為穩妥起見，起初還是以收藏一些大眾收藏品為佳，這些藏品既要具有一定的水準，又最好是低價位的。

很多收藏愛好者認為，年代越久的收藏品就越值錢，這其實是個誤解。藏品的收藏價值主要是在歷史文化價值、稀罕程度和工藝水準上。一些古陶器，儘管有數千年的歷史，但因其存世量大、製做粗劣，其價值遠遠低於後世的一些精稀藏品。漢代、唐代一些存世量很大的銅錢，在今天的市面上也很便宜；而一些現代工藝的翡翠器物，卻能賣到數十萬元。明清時期，皇帝集中了全國最優秀的製瓷人才到景德鎮，專為皇家燒製瓷器。這一時期的官窯瓷器不計成本，極為精良，在當時就身價不菲。在近年的一些拍賣會上，明清官窯瓷器的精品動輒拍出數千萬元的驚人價位。而一些民用陶器、瓷器，因做工較為粗糙、沒有什麼工藝價值，當時也只賣幾文錢一個，直至數百年後的今天，其收藏價值仍然不高，只有幾千幾百元一件。

收藏界有這樣一個說法，當時就很值錢的東西，現在仍會很值錢；當時不值錢的東西，現在還是不值錢。說得簡單點，還是要看這東西是否容易得到（包括其生產成本與存世量）。

收藏品的價格彈性很大，即使是同一件收藏品，其價格也會因人、因地、因時而異。有的藏品可能收藏價值並不高，但有人出於特殊愛好，或為寄託某種特別的感情，或為了配齊系列藏品中的缺品，卻視其為珍寶，不惜以大價錢購得。由於各地的收藏氛圍、購買能力不盡相同，一件藏品在不同場合的「身價」可能會有很大差別。「地區差」因此便成為精明商人的生財之道。例如：某國畫大師的一件作品，多年前在一般小城市的拍賣會上成交價僅五萬元，在大城市則拍出了二十五萬元。

收藏是件很奇妙的事，有人稱其為花錢的「無底洞」，有多少錢都能投進去，但同時也有人說，錢少照樣能玩收藏。其實最重要的還是要根據基本的收藏價值規律，合理選擇藏品，以藏養藏，保持收藏的持續性。

債券，是讓你受益適中的投資

債券是一種有價證券，是國家政府、金融機構、企業等社會各類經濟主體為籌措資金而向債券投資者開出的，並且承諾按一定利率定期支付利息和到期償還本金的債權債務憑證。由於債券的利息通常是事先確定的，所以，債券又被稱為固定利息證券。

債券作為一種債權債務憑證，與其他有價證券一樣，也是虛擬資本，而非真實資本，它是經濟運行中實際運用的真實資本的證書。債券作為重要的融資手段和金融工具具有如下特徵。

（1）償還性。債券一般都規定償還期限，發行人必須按約定條件償還本金並支付利息。

（2）流通性。債券一般都可以在流通市場上自由轉讓。

（3）安全性。與股票相比，債券有固定的利率，與企業績效沒有直接聯繫，收益比較穩定，風險較小。此外，在企業破產時，債券持有者享有優先於股票持有者對企業剩餘資產的索取權。

（4）收益性。債券的收益性主要表現在兩個方面，一是投資債券可以定期或不定期帶給投資者利息收入，二是投資者可以利用債券價格的變動，買賣債券，賺取差額。

在許多投資者的印象中，債券四平八穩，雖穩健但收益不高，投資債券很難成為百萬富翁。這種想法是錯誤的，沒有不賺錢的市場，只有不賺錢的投資。只要投資正確、投資恰到好處，債券市場一樣能製造百萬富翁。

與股票基金相比，債券基金收益穩定，但與貨幣基金相比流動性卻較差，理財專家認為，投資債券基金因其自有特點，並不適合每位投資者，對那些收入不是很高，無風險承受能力，但對資金流動性要求不高的保守投資者較為適合。

投資債券基金要看基金公司的實力和債券基金的資產配置。債券基金的表現主要取決於基金公司的整體實力，一般而言，投資管理能力強、風險控制體系完善、投資服務水準高的基金管理公司所管理的債券基金，有可能為投資者取得長期穩定的業績。此外，純債券基金風險低，而增強型債券基金既可用債券投資獲得穩健收益，也可當股票市場出現投資機會時獲得較高收益。

其次要看債券基金的投資範圍，債券基金之所以能在股市持續震盪下跌過程中抗風險，主要在於債券基金與股市有相當程度的「脫離」關係，即債券基金絕大部分資金並不投資於股票市場，而主要透過投資債券市場獲利。

再次要看債券基金的交易費用。不同債券基金的交易費用會相差兩到三倍，因此投資者應盡量選擇交易費用較低的債券基金產品。

儘管債券基金產品的熱度有所升溫，但投資者也不要見到債卷基金就買，在挑選債券類基金產品時，要特別注意債券基金產品的資產配置、交易費用以及利率風險和合約終止條件的限制等。投資債券基金雖然可以規避股市風險，但也會失去相當大的機會成本。如果未來股票市場出現反彈甚至反轉，那麼，部分資金就可能從債市回流股票市場。所以投資債券基金也要經得住股市的大漲，耐得住寂寞。

電子書購買

國家圖書館出版品預行編目資料

積極、正向，自制力：培養正能量的 8 堂微練習 / 劉惠丞, 肖建文著 . -- 第一版 . -- 臺北市：崧燁文化事業有限公司 , 2021.07

面； 公分

POD 版

ISBN 978-986-516-647-2(平裝)

1. 成功法 2. 生活指導 3. 習慣心理學

177.2 110005733

積極、正向，自制力：培養正能量的 8 堂微練習

臉書

作　　者：劉惠丞，肖建文

發 行 人：黃振庭

出 版 者：崧燁文化事業有限公司

發 行 者：崧燁文化事業有限公司

E-mail：sonbookservice@gmail.com

粉 絲 頁：https://www.facebook.com/sonbookss/

網　　址：https://sonbook.net/

地　　址：台北市中正區重慶南路一段六十一號八樓 815 室

Rm. 815, 8F., No.61, Sec. 1, Chongqing S. Rd., Zhongzheng Dist., Taipei City 100, Taiwan (R.O.C)

電　　話：(02)2370-3310　　傳　　真：(02) 2388-1990

印　　刷：京峯彩色印刷有限公司（京峰數位）

定　　價：320 元

發行日期：2021 年 07 月第一版

◎本書以 POD 印製